改訂増補

音声ダウンロード付き

音声DL付き

たったの**10問**で
みるみる解ける **中学英語**

Improve in leaps and bounds
by doing just 10 junior high English problems

質問券付き

長沢英語塾塾長

長沢寿夫

明日香出版社

はじめに

どんな教科でもおなじですが，勉強のはじめの方でつまずくと，だんだんとついていけなくなり，わからなくなっていきます。

「英語がおもしろくない」と思っている人の多くは，この最初のところでつまずいてしまい，なかなか次に進めません。

私の塾は，学校の英語の授業についていけなくなってしまった人の駆(か)け込み寺にもなっています。

でもどんな子でも，きちんと落ち着いて，最初からしっかりくり返しやれば，必ず力がついていきますし，テストの点も上がるのです。そうすると，英語の勉強がどんどん楽しくなり，やる気も出てもっと勉強がしたくなるのです。

本書では，まず「やりきる」ことに重点をおき，1テーマにつき重要ポイントをチェックできる問題を10問ずつ選びました。

まずは1日見開き1ページから。問題は10問だけなので集中力を途切れさせることなく終えられるはずです。

そして最後までやり終えたら，右ページだけをくり返しやってみましょう。くり返すほど身につき，基礎力アップにつながります。

なお，本書は2021年度からの新学習指導要領に対応するため改訂いたしました。

今まで高校で学んでいた「仮定法」をはじめとするつまずきやすい文法事項も，わかりやすくかんたんに説明しています。

最後に私の好きな言葉を贈ります。

「喜びをもって勉強すれば喜びもまたきたる」

2021年6月　長沢寿夫

もくじ

はじめに

本書の使い方

発音の読み方

英語らしく話すコツ

ふろく：基本動詞の変化表

カバー・本文デザイン／Boogie Design
イラスト／末吉喜美

本書の使い方

ステップ1　左ページの説明を読む

基本的な文法の解説を先に読んでみましょう。

ステップ2　「これだけは覚えよう」，「ヒント」をチェック

大事なところ，問題を解くためのヒントがありますので問題を解く前に
チェックしましょう。

ステップ3　問題を解く

右ページの問題を解いてみましょう。

ステップ4　音声をくり返し聞く

音声を聞きながら（　　）をうめると，ヒアリング力，発音のしかたが身に
つきますのでおすすめです。そして最後に音声をくり返し聞きましょう。
シャドーイング（声に出して追いかけて読む）することで，基本のフレー
ズが身につきます。

音声ダウンロードについて

音声データ（MP3）を
明日香出版社のホームページからダウンロードできます。

パソコンやスマートフォン，iPad などの端末でアクセスしてください。
https://www.asuka-g.co.jp/dl/isbn978-4-7569-2161-1

●音声について
右ページの問題の英文のみ収録しています。
1回目：ナチュラルスピード
2回目：ゆっくり
ナレーター：Rachel Walzer
収録時間：約64分

※音声ファイルは，一括ダウンロードも個別で聞くこともできます。
※音声の再生には，MP3ファイルを再生できる機器などが必要です。ご使用の機器，音声再
　生ソフトなどに関する技術的なご質問は，ハードメーカーもしくはソフトメーカーにお願
　いいたします。
※音声ダウンロードサービスは予告なく終了することがございます。

文法の基本的な
　解説をしています。

問題を解くためのヒントです。

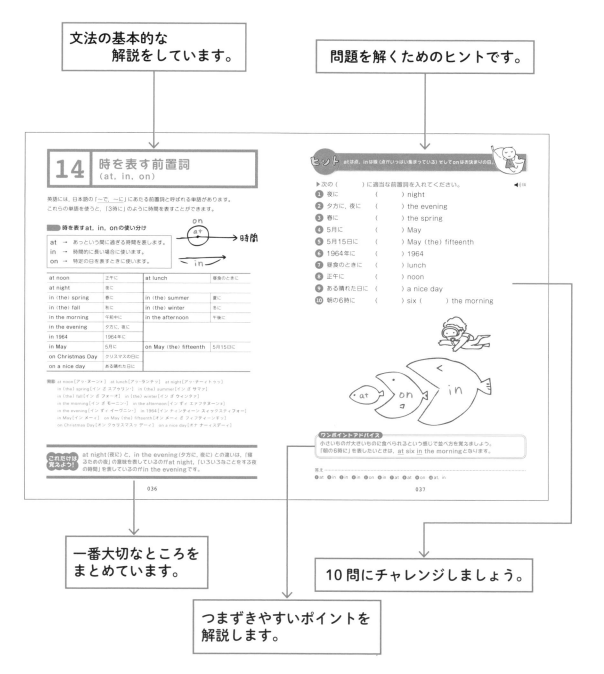

一番大切なところを
まとめています。

つまずきやすいポイントを
解説します。

10問にチャレンジしましょう。

発音の読み方

本書では読み方をカタカナやひらがななどで表しています。

〔**エァ**〕〔æ〕　エの口の形で「ア」というと，この音を出せます。

〔**ヴッ**〕〔v〕　下くちびるをかむようにして「ブッ」というと〔ヴッ〕の音を出せます。

〔**フッ**〕〔f〕　下くちびるをかむようにして「フッ」というと〔フッ〕の音を出せます。

〔**ア～**〕〔ə:r〕　口を小さく開けて「ア～」といいます。

〔**アー**〕〔ɑ:r〕　口を大きく開けて「アー」といいます。

〔**オ**〕〔l〕　舌を上の歯ぐきの裏につけて発音しますが，単独でくるときは，舌の奥の方が上がります。

〔**ゥル**〕〔ru〕　「ウ」と軽くいいながら「ル」というと，〔ゥル〕の音を出せます。

〔**ヅッ**〕〔dz〕　ツの音をにごらせた「ヅッ」の音で発音してください。

〔**ずッ**〕〔ð〕　すの音をにごらせた「ずッ」の音で発音してください。

〔**すッ**〕〔θ〕　舌先を上の歯の裏側に軽くあてて「すッ」というつもりで息を出します。このとき声を出すと「ずッ」の音になります。

〔**い**〕〔j〕　日本語で「イー」といいながら，舌の先をあごの天井すれすれまで近づけて口の両端を左右に引くとこの音を出せます。

〔**·**〕〔ŋ〕　この記号は音の省略の記号として使っています。～ ing〔**イン·**〕の場合，グの音はいわない方が英語らしく発音できます。たとえば big book →〔big buk〕（**ビッ·ブックッ**）のように g と b がローマ字読みできないときは，g を発音しない方が英語らしく聞こえるので，〔·〕をつけてあります。

That is〔**ぜアッティズ**〕は人によっては〔**ぜアッリィズ**〕と発音されることがあります。このように〔**タ，ティ，トゥ，テ，ト**〕が〔**ラ，リ，ル，レ，ロ**〕のように発音されることがあります。

母音（ア，イ，ウ，エ，オ）が2つ続いているときは，前の母音を強くいってから2つめの母音を軽くつけくわえるように発音します。〔**エーィ**〕〔ei〕〔**オーゥ**〕〔ou〕〔**アーィ**〕〔ai〕〔**アーゥ**〕〔au〕

英語らしく話すコツ

▣ 英文に強弱をつける

英語は，文の中で思い切って強く／弱く言うと，リズムができて，一気に英語らしく話すことができるようになります。

たとえば英語を自然に話すとき，強 弱のリズムはこうなります。

Then I will teach you English.（それじゃ，私はあなたにこの本を見せてあげますよ。）
副詞　　　　動詞　　名詞

▆▆▆のところは強く，▆▆▆のところは弱く言います。

強くなるところが，2つの単語で1つのかたまりになっているときは，2つ目をより強く言います。ただし名詞＋名詞になっているときは，1つ目の名詞を強く読みます。

強く言う語，弱く言う語には大まかな決まりがあります。
あくまで基本なため，例外もたくさんあります。

●強く読む語

	例
名詞	English, book
動詞	teach, run
形容詞	happy, slow
数詞	two
指示代名詞	this, that
疑問詞	who, what
所有代名詞	mine, yours
副詞	then, here
感嘆詞	what, how

●弱く読む語

	例
冠詞	a, the
人称代名詞	I, you
関係代名詞	that, which
関係副詞	where
助動詞 助動詞の働きをするもの	can, will, be 動詞
前置詞	in, at
接続詞	and

01 「私, あなた, 彼, 彼ら [彼女たち]」などを表す 人称代名詞

■■■ 人称代名詞の種類

英語には, 人称代名詞というものがあります。

「私」,「あなた」,「彼」,「彼ら [彼女たち]」などを表すときに使います。

	～は ～が	～の	～を ～に	～のもの
私	I [アーィ]	my [マーィ]	me [ミー]	mine [マーィンヌ]
あなた	you [ユー]	your [ユアァ]	you [ユー]	yours [ユアァズッ]
彼	he [ヒー]	his [ヒズッ]	him [ヒムッ]	his [ヒズッ]
彼女	she [シー]	her [ハァ]	her [ハァ]	hers [ハァズッ]
私たち	we [ウィー]	our [アーゥァ]	us [アスッ]	ours [アーゥァズッ]
あなたたち	you [ユー]	your [ユアァ]	you [ユー]	yours [ユアァズッ]
彼ら [彼女たち]	they [ゼーィ]	their [ゼアァ]	them [ゼムッ]	theirs [ゼアァズッ]

まず上の表を丸暗記してください。使い方は次のようになります。

■■■ 人称代名詞の使い方

たとえば I「私」という単語は次のように変化します。

(1) 英文のはじめにきているとき	→	I
(2) 英文の途中, または最後にきているとき	→	me
(3)「私の」を表しているとき	→	my
(4)「私のもの」を表しているとき	→	mine

I my me mine...

(1) 私は彼を知っています。　I know him.

(2) 彼は私を知っています。　He knows me.

(3) これは私の本です。　This is my book.

(4) この本は私のものです。　This book is mine.

これだけは覚えよう! はがのをにのもの　I(私は, 私が) my(私の) me(私を, 私に) mine(私のもの)

ヒント　何の変化に関する問題かをよく考えてください。

▶次の（　　　　）に適当な人称代名詞を入れてください。　◀))01

heを変化させてください。

1 （　　　　） knows you.

2 You know （　　　　）.

3 This is （　　　　） pen.

4 This pen is （　　　　）.

sheを変化させてください。

5 （　　　　） likes me.

6 I like （　　　　）.

7 Is this （　　　　） book?

8 Is this book （　　　　）?

日本語訳

1 彼はあなたを知っています。
2 あなたは彼を知っています。
3 これは彼のペンです。
4 このペンは彼のものです。
5 彼女は私を好きです。
6 私は彼女を好きです。
7 これは彼女の本ですか。
8 この本は彼女のものですか。

▶意味の通る英文になるように（　　　　）内の単語を並べ替えなさい。

9 私たちは彼ら [彼女たち] を知っています。

（ we / them / know ）.

10 彼ら [彼女たち] は私たちを知っています。

（ know / they / us ）.

ワンポイントアドバイス
his pen（彼のペン）＝his（彼のもの）
her book（彼女の本）＝hers（彼女のもの）

答え ···
1 He　**2** him　**3** his　**4** his　**5** She　**6** her　**7** her　**8** hers　**9** We know them　**10** They know us

02 名詞の前につく冠詞 (a, an, the) と 代名詞 (this, that) の使い方

英語では名詞の前に冠詞や代名詞がつきます。

これらの単語は名詞のことを説明する形容詞的な働きをします。

a ── 1つの, <u>ある</u>	this ── これ, こちら, <u>この</u>
an ── 1つの, <u>ある</u>	that ── あれ, あちら, <u>あの</u>
the ── その	

これらの単語の使い方を説明したいと思います。

aの使い方

ものがたくさんあるうちの, 「どれでもよいから1つ」を表したいときに<u>a</u>を使います。

a book (1冊の本, ある本)

anの使い方

aと同じ考え方ですが, aのうしろにくる名詞または他の単語の最初の音が, 母音 (ア, イ, ウ, エ, オ) からはじまっているときanを使います。

an egg　1個のたまご　　　　an old book　1冊の古い本
　　エ　　　　　　　　　　　　　　オ

thisとthatの使い方

「これは」または「こちらは」の意味を表すとき　→　this

「あれは」または「あちらは」の意味を表すとき　→　that

「<u>この</u>」本, 「<u>あの</u>」本の意味を表すとき　→　this book, that book

the の使い方

1つしかないということがわかっているときにthe (その) を使います。

the egg　　　　the book

発音 a [ア]　an [アンヌ]　the [ざ]　this [ずィスッ]　that [ぜアッ・]　an egg [アネッグッ]
　an old book [アノーゥオ・ブックッ]　the egg [ずィエッグッ]

これだけは覚えよう！　だれのものか, どのものかがはっきりわからないときは, aまたはanを名詞の前に置きます。

▶次の（　　　）にa, an, the, this のうちからもっとも適当な単語を
入れてください。

🔊 02

1 This is （　　　） book.

2 This is （　　　） apple.

3 This is （　　　） interesting book.

4 （　　　） book is interesting. 〔**3**と同じ意味に〕

▶次の（　　　）にthisまたはthatを入れてください。

5 What is （　　　）? 〔遠いところにあるものをさして〕

6 What is （　　　）? 〔近いところにあるものをさして〕

7 （　　　） is Tony. 〔自己紹介で〕

8 Who is （　　　） teacher?

9 Look at （　　　） teacher.

▶意味の通る英文になるように（　　　）内の単語を並べ替えなさい。

10 こちらは青山ですが。 〔電話で〕

（ is / speaking / this / Aoyama ）.

日本語訳
1 これは本です。
2 これはリンゴです。
3 これはおもしろい本です。
4 この本はおもしろい。
5 あれは何ですか。
6 これは何ですか。
7 こちらはトニー君です。
8 あの先生はだれですか。
9 あの先生を見て。

that

this

the

ワンポイントアドバイス

近いところのものをさしているときはthis, 遠いところのものをさしているときはthat
を使います。

答え ·····

1 a **2** an **3** an **4** This **5** that **6** this **7** This **8** that **9** that **10** This is Aoyama speaking

03 代名詞の使い方

代名詞の決まりごと

英語では，最初に名詞を使った英文が出ると，次からは代名詞を使って話を続けます。

"Do you know <u>**that tallest boy**</u>?"
名詞の入った文
「あなたは**あの背が一番高い少年**を知っていますか。」

"No, I don't know <u>**him**</u>."
代名詞
「いいえ，私は**彼を**知りません。」

"<u>**His**</u> name is Tony."
代名詞
「**彼の**名前はトニーですよ。」

"<u>**He**</u> likes you."
代名詞
「**彼は**あなたのことが好きなんだよ。」

この会話のように，最初はthat tallest boyといっていますが，次の人はhim, His, Heという人称代名詞を使って会話をしています。
同じように，ものの場合は最初に出てきた名詞の代わりに，次のような代名詞を使って会話を続けます。

that book（あの本）	→ it（それ）
those books（あれらの本）	→ they（それら）
this book（この本）	→ it（それ）
these books（これらの本）	→ they（それら）
a lot of books（たくさんの本）	→ they（それら）
a lot of milk（たくさんのミルク）	→ it（それ）

発音 those［ぞーゥズッ］ these［ずィーズッ］ a lot of［アラッタヴッ］

これだけは覚えよう！ 数えられる名詞は，1つの場合はit，2つ以上の場合は，theyを使います。数えられない名詞は，どんなときもitを使います。

ヒント 文の最初にきているときは, he, she, they, we
文の最後にきているときは, him, her, them, us

▶次の（　　　　　）にhe, him, she, her, we, us, they, themの
うちから適当な単語を入れてください。

🔊 03

1 "Who is that boy?"　"(　　　　) is Tony."

2 "Who is that girl?"　"(　　　　) is Judy."

3 "Who are those boys?"　"(　　　　) are Tom and Ken."

4 "Who are those girls?"　"(　　　　) are Judy and Saya."

5 "Do you know that boy?"　"Yes, I know (　　　　)."

6 "Do you like that girl?"　"Yes, I like (　　　　)."

7 "Are Tony and Ken friends?"　"Yes, (　　　　) are."

▶次の（　　　　　）にitとtheyのどちらかを入れてください。

8 "Whose are those pens?"　"(　　　　) are mine."

9 "What is that animal?"　"(　　　　) is a tiger."

▶意味の通る英文になるように（　　　　　）内の単語を並べ替えなさい。

10 「あなたはミルクが好きですか。」「はい, 私はそれが好きです。」

　　"(milk / do / like / you)?"　"(, / it / Yes / I / like)."

日本語訳
1 「あの少年はだれですか。」「彼はトニー君です。」
2 「あの少女はだれですか。」「彼女はジュディーさんです。」
3 「あれらの少年たちはだれですか。」「彼らはトム君とケン君です。」
4 「あれらの少女たちはだれですか。」「彼女たちはジュディーさんとさやさんです。」
5 「あなたはあの少年を知っていますか。」「はい, 私は彼を知っています。」
6 「あなたはあの少女を好きですか。」「はい, 私は彼女が好きです。」
7 「トニー君とケン君は友だちですか。」「はい, 彼らはそうです。」
8 「あれらのペンはだれのものですか。」「それらは私のものです。」
9 「あの動物は何ですか。」「それはトラです。」

［ワンポイントアドバイス］
whose, whatのような疑問詞からはじまっている英文に対する答えは, itやtheyを
使います。

答え ···
1 He　**2** She　**3** They　**4** They　**5** him　**6** her　**7** they　**8** They　**9** It　**10** Do you like milk　Yes, I like
it

04 be動詞 (is, am, are) の使い方

■ be動詞is，am，areの使い方

英語では，主語の次に動詞がくるという決まりがあります。

ここでいう動詞とは一般動詞と呼ばれている動詞で，動作や状態を表す動詞のことです。

<u>英文の中に動詞がないとき</u>は，主語の次にbe動詞（is，am，are）をかならず置かなければなりません。

(1) 私は<u>いそがしい</u>。　　　　I am <u>busy</u>.
(2) 彼は<u>走っている</u>。　　　　He is <u>running</u>.
(3) あなたは<u>愛されている</u>。　You are <u>loved</u>.

これらの日本文には動詞がないので，この3つは，すべて状態を表している形容詞だと思ってください。

形容詞とは，名詞をくわしく説明するときに使う言葉だと覚えておいてください。

(1) <u>いそがしい</u>私　　　(2) <u>走っている</u>彼　　　(3) <u>愛されている</u>あなた

このようになることから，下線の単語は3つとも形容詞であることがわかります。

■ be動詞is，am，areの使い分け

be動詞は主語によって変わります。

主語がⅠのとき　→　am
主語がYou以外で1人のとき　→　is
主語がYouのとき，You以外で2人以上のとき　→　are

(1) <u>I</u> am young. (私は若い。)　　　(3) <u>They</u> are happy. (彼らは幸せだ。)
(2) <u>She</u> is beautiful. (彼女は美しい。)

これだけは覚えよう！ be動詞はⅠ，You以外の主語で1人であればis，2人以上であればareを使います。

> **ヒント** You以外で次にくる単語が1人を表しているときはis,
> 2人以上を表しているときは, are になります。

▶次の（　　　　　）にis, am, are のうちから適当なbe動詞を入れてくだ
さい。 🔊 04

1 You (　　　) busy.

2 Your father (　　　) running.

3 Your brothers (　　　) busy.

4 We (　　　) running.

5 Tony and I (　　　) busy.

6 Tony and Ken (　　　) busy.

7 Those boys (　　) tall.

8 These dogs (　　　) big.

9 They (　　　) busy.

日本語訳

1 あなたはいそがしい。
2 あなたのお父さんが走っていますよ。
3 あなたのご兄弟はいそがしい。
4 私たちは走っています。
5 トニー君と私はいそがしい。
6 トニー君とケン君はいそがしい。
7 あれらの少年たちは背が高い。
8 これらのイヌは大きい。
9 彼ら [彼女たち] はいそがしい。

▶意味の通る英文になるように（　　　　　）内の単語を並べ替えなさい。

10 これはだれの本ですか。

(Whose / this / book /is)?

┌─ **ワンポイントアドバイス** ─────────────────────
│ Whose book (　　　) that?は, thatのときに使うbe動詞が入ります。
│ that＝bookで〈1つの本〉をさしているので, isになります。
└────────────────────────────────

答え ···
1 are 2 is 3 are 4 are 5 are 6 are 7 are 8 are 9 are 10 Whose book is this

05 | be動詞の過去形（was, were）の使い方

過去のことを表したい場合，英文の中に動詞がなければ，was，wereを使います。
（英文に形容詞の働きをもった単語がある場合です。）

私はいそがしかった。	I was busy.
私は走っていました。	I was running.
私は愛されていました。	I was loved.

be動詞の過去形was，wereの使い分け

（1）英文の中に名詞がある場合

　　私は先生だった。　　　I was a teacher.
　　私たちは先生でした。　We were teachers.

（2）はじめから決まっているもの

　　I am　→　I was
　　You are　→　You were

（3）ルールによって使い分けられるもの

　　・主語が1人の場合

　　〔現在〕　　　　〔過去〕
　　Tony is　→　Tony was

　　・主語が2人以上の場合

　　〔現在〕　　　　〔過去〕
　　We are　→　We were

次のように考えると覚えやすいのです。
w（過去）＋am＋is → was　　w（過去）＋are → were

ヒント　YourとMyからはじまっているときは，YourまたはMyの次の単語をよく見てwasかwereかを決めてください。

▶次の（　　　）にwas またはwereのうち適当なものを入れてください。

1 I (　　　) free yesterday.　　　🔊05

2 You (　　　) free yesterday.

3 We (　　　) free yesterday.

4 Tony and I (　　　) busy yesterday.

5 Tony and Ken (　　　) busy yesterday.

6 Your father (　　　) a teacher.

7 Your mother (　　　) a teacher.

8 Your brothers (　　　) teachers.

9 My mother (　　　) a teacher.

▶意味の通る英文になるように（　　　）内の単語を並べ替えなさい。

10 私の母の父は先生でした。

(my / mother's / was / teacher / a / father).

日本語訳
1 私はきのうひまでした。
2 あなたはきのうひまでした。
3 私たちはきのうひまでした。
4 トニー君と私はきのういそがしかった。
5 トニー君とケン君はきのういそがしかった。
6 あなたのお父さんは先生でした。
7 あなたのお母さんは先生でした。
8 あなたのご兄弟は先生でした。
9 私の母は先生でした。

I was free.

ワンポイントアドバイス

主語が1人を表しているときはwas，2人以上ならばwereが基本のルールです。

答え
1was **2**were **3**were **4**were **5**were **6**was **7**was **8**were **9**was **10**My mother's father was a teacher

英文の中に動詞がないときに，be動詞を使うということを勉強しましたが，ここではもう少しレベルの高いことを勉強します。

 will be, have been, has beenの使い方

未来を表す〈will be〉
私はあすいそがしいでしょう。
I **will be** busy tomorrow.

過去から現在を表す〈have been〉
私はきのうからずっといそがしい。
I **have been** busy since yesterday.

（～へ行ったことがある）を表す〈have been to ～〉
私は東京へ行ったことがあります。
I **have been** to Tokyo.

（～にいたことがある）を表す〈have been in ～〉
私は東京にいたことがあります。
I **have been** in Tokyo.

過去から現在まで状態が続いているときのhave been busy（ずっといそがしい）のような英文と，have been to（～へ行ったことがある），have been in（～にいたことがある）の英文は現在完了形と呼ばれている文法なので，くわしくは現在完了形のところをごらんください。

発音 will be［ウィオ ビー］　have been［ハヴッ ビンヌ］　has been［ハズッ ビンヌ］

 動詞がなければ，未来のことはwill beを使います。
過去から今まで状態が続いていたらhave（またはhas）beenになります。

ヒント 未来のことを表しているときはwill be, 過去の経験の記憶または過去の状態が現在まで続いているときは, have（またはhas）been

▶次の（　　　）の中にwill be, have been, has beenのうちからもっとも適当な表現を入れてください。 🔊06

1 I (　　　) (　　　) busy tomorrow.

2 (　　　) you (　　　) busy tomorrow?

3 Tony (　　　) (　　　) free tomorrow.

4 I (　　　) (　　　) busy since yesterday.

5 We (　　　) (　　　) busy since this morning.

6 Tony and I (　　　) (　　　) busy for two days.

7 I (　　　) (　　　) busy for two days.

8 I (　　　) (　　　) to Tokyo.

9 Saya (　　　) (　　　) in Kyoto for four years.

▶意味の通る英文になるように（　　　）内の単語を並べ替えなさい。

10 あなたは東京へ行ったことがありますか。

(you / to / Tokyo / have / been)?

日本語訳
1 私はあすいそがしいでしょう。
2 あなたはあすいそがしいでしょうか。
3 トニー君はあすひまでしょう。
4 私はきのうからいそがしい。
5 私たちは今朝からいそがしい。
6 トニー君と私は2日間いそがしくしています。
7 私は2日間いそがしくしています。
8 私は東京へ行ったことがあります。
9 さやさんは京都に4年間います。

ワンポイントアドバイス
どこかに行ったことがあるときは, have（またはhas）been to
どこかにいたことがあるときは, have（またはhas）been in

答え
1 will be　2 Will, be　3 will be　4 have been　5 have been　6 have been　7 have been
8 have been　9 has been　10 Have you been to Tokyo

021

07 | There is（またはare） からはじまる文

be動詞には，動詞としての働きもあります。

動詞の働きをするbe動詞

| is, are | （あります） |
| is, am, are | （います） |

There <u>is</u>   <u>a book</u>   <u>on the desk.</u>
  あります〈何が〉1冊の本が〈どこに〉 その机の上に

There <u>is</u>   <u>a boy</u>   over there.
  います〈だれが〉ある男の子が〈どこに〉 あそこに

ここで使われているThereには意味がないので，弱く読みます。

それに対してover thereのthereには意味があるので強く読みます。

〈There is（またはare）～ .〉を使うポイント

〈There is（またはare）～ .〉の構文は，「はっきりしないものがある」，「だれだかわからない人がいる」という意味の場合にしか使えないので，もし，「<u>はっきりしたものがある</u>」という意味を表したいときは次のように表さなければなりません。

Kyoto Tower is in Kyoto.

（京都タワーは京都にあります。）

My cap is on your desk.

（私のぼうしがあなたの机の上にあります。）

Tony is in Tokyo.

（トニー君は東京にいます。）

これだけは覚えよう! はっきりしないものや，だれだかわからない人がいる場合には，〈There is（またはare）～ .〉構文が使えます。

ヒント Thereの次にくるbe動詞は, 名詞にsがついているときは, are, ついていないときはisになります。

▶次の（　　　　）に適当なbe動詞を入れてください。 🔊 07

1 There（　　　　） a book on my desk.

2 My book（　　　　） on your desk.

3 There（　　　　） two books on my desk.

4 The two books（　　　　） mine.

5 There（　　　　） some towers in Tokyo.

6 There（　　　　） many towers in Tokyo.

7 There（　　　　） some milk in my glass.

8 There（　　　　） some books on my desk.

9 Tokyo Tower（　　　　） in Tokyo.

▶意味の通る英文になるように（　　　　）内の単語を並べ替えなさい。

10 富士山は日本にあります。

（ Japan / is / Mt. Fuji / in ）.

日本語訳
1 私の机の上に1冊の本があります。
2 私の本はあなたの机の上にあります。
3 私の机の上に2冊の本があります。
4 その2冊の本は私のものです。
5 東京にはいくつかのタワーがあります。
6 東京にはたくさんのタワーがあります。
7 私のコップにいくらかミルクが入っています。
8 私の机にはいくらかの本があります。
9 東京タワーは東京にあります。

There are some cats on my desk.

Why?

ワンポイントアドバイス

milk（ミルク）のように液体や数えることができない名詞が構文の中にあるときは, 多くても少なくてもisになります。

答え ··
1 is **2** is **3** are **4** are **5** are **6** are **7** is **8** are **9** is **10** Mt. Fuji is in Japan

023

08 動詞につく三単現のs

動詞は主語によって単語のおしりにsがつきます。

動詞にsがつく場合

be動詞で考えたときにisになるときは, 動詞にsがつきます。

I am busy.	→	I run.
You are busy.	→	You run.
Tony is busy.	→	Tony runs.
They are busy.	→	They run.
We are busy.	→	We run.

isのときだけsがつくよ

動詞にsをつけるときの注意

単語によってsのつけかたが違うものがあるので注意しましょう。

勉強する	study	→	studies [スタディズッ]
(テレビなどを) 見る	watch	→	watches [ワッチィズッ]
〜を洗う	wash	→	washes [ワッシィズッ]
行く	go	→	goes [ゴーゥズッ]
〜をもっている	have	→	has [ヘァズッ]

次の単語はsがつくときの読み方に注意しましょう。

〜をいう	say [セーィ]	→	says [セッズッ]
〜が好きです	like [ラーィクッ]	→	likes [ラーィクッスッ]

発音するときのポイント

動詞のsの読み方には, スとズがあります。動詞の最後の音を息だけで発音しているときは [スッ] と読み, 声で発音しているときは [ズッ] と読みます。

最後の音をのばすことができれば声, できなければ息です。例をあげるとkは [クッ] と発音しているので長くのばせません。このことから, likesのs は [スッ] と読めばよいことがわかります。

これだけは覚えよう! be動詞で考えてisになるときは, 動詞にsがつきます。

ヒント sの読み方は2種類あります。

▶次の（　　　　　）に，run または runs を入れて正しい英文にしてください。

🔊 08

① 私は走る。　　　　　　　I（　　　）.

② あなたは走る。　　　　　You（　　　）.

③ あなたのお父さんは走る。　Your father（　　　）.

④ あなたと私は走る。　　　You and I（　　　）.

⑤ 私たちは走る。　　　　　We（　　　）.

⑥ これらのイヌは走る。　　These dogs（　　　）.

▶次の（　　　　　）に下線のところの読み方をカタカナで書いてください。

⑦ like<u>s</u>（　　　）〔カタカナで〕

⑧ g<u>oes</u>（　　　）〔カタカナで〕

⑨ watch<u>es</u>（　　　）〔カタカナで〕

⑩ <u>says</u>（　　　）〔カタカナで〕

ワンポイントアドバイス

英語では，o［オーゥ］と読むとうしろにeがくることが多いので，goe［ゴーゥ］＋s［ズッ］と読むと覚えてください。

答え ……………………………………………………………………………………………
①run ②run ③runs ④run ⑤run ⑥run ⑦スッ ⑧ズ ⑨イズッ ⑩セッズッ

09 | do, does, did の使い方

現在のことを表した否定文と疑問文を作るとき, 動詞があればdo, doesを使います。過去を表したいときはdid を使います。

■ 現在のことを表したいとき〈現在時制〉

	〈動詞がないとき〉	〈動詞があるとき〉
〈否定文〉	He isn't **busy**.	He doesn't **swim**.
	いそがしい	泳ぐ
	〈形容詞〉	〈動詞〉
〈否定文〉	You aren't busy.	You don't swim.
〈疑問文〉	Is he busy?	Does he swim?
〈疑問文〉	Are you busy?	Do you swim?

■ 過去のことを表したいとき〈過去時制〉

	〈動詞がないとき〉	〈動詞があるとき〉
〈否定文〉	He wasn't busy.	He didn't swim.
〈否定文〉	You weren't busy.	You didn't swim.
〈疑問文〉	Was he busy?	Did he swim?
〈疑問文〉	Were you busy?	Did you swim?

No!

Are you busy?

これだけは覚えよう! 現在時制では, 否定文と疑問文ではdoとdoesのどちらかを使います。
過去時制では, 否定文と疑問文ではいつもdidを使います。

ヒント don't, doesn't, didn't, does, do, didを入れましょう。

▶次の（　　　　）に適当な単語を入れて否定文を作ってください。　🔊 09

1 I（　　　　） speak English.

2 You（　　　　） swim.

3 Tony（　　　　） run fast.

4 They（　　　　） speak English.

5 I（　　　　） run yesterday.

▶次の（　　　　）に適当な単語を入れて疑問文を作ってください。

6 （　　　　） you speak English?

7 （　　　　） he speak English?

8 （　　　　） I have to run?

9 （　　　　） Tony have to run?

▶意味の通る英文になるように（　　　　）内の単語を並べ替えなさい。

10 トニー君はきのう泳ぎましたか。

（ did / Tony / yesterday / swim ）?

日本語訳
1 私は英語を話しません。
2 あなたは泳ぎません。
3 トニー君は速く走りません。
4 彼らは英語を話しません。
5 私はきのう走らなかった。
6 あなたは英語を話しますか。
7 彼は英語を話しますか。
8 私は走らなければならないですか。
9 トニー君は走らなければならないですか。

時制がどうなっているか考えてね！

ワンポイントアドバイス

yesterday［ィェスタデーィ］（きのう）のような過去を表す言葉があるときは
did またはdidn'tが（　　　　）に入ります。

答え
1don't **2**don't **3**doesn't **4**don't **5**didn't **6**Do **7**Does **8**Do **9**Does **10**Did Tony swim
yesterday

10 数と量の表し方

英語には数えられる名詞と数えられない名詞があります。

数えられる名詞

たくさんの本	a lot of books＝many books
いくらかの本〔数冊の〕	some books
少しの本	a few books
ほとんどない本	few books
1つもない本	no books＝not any books

数えられない名詞

たくさんのお金	a lot of money＝much money
いくらかのお金	some money
少しのお金	a little money
ほとんどないお金	little money
少しもないお金	no money＝not any money

数えられない名詞とは

簡単にいうと, 数えられない名詞とは, どこを切っても同じものであるものと考えることができます。

ただし, hair (髪) は普通は数えることはできませんが, たまに「1本の髪が落ちていた」のようなときにはa hairとなることもあります。

発音 lot［ラットゥッ］ of［アヴッ］ much［マッチッ］
some［サムッ］ little［リトー］ money［マニィ］
any［エニィ］ few［フュー］ hair［ヘアァ］

これだけは
覚えよう！
a littleとa few はaがあるので「少しある」
littleとfew はaがないので「ほとんどない」
manyとmuchは否定文と疑問文で使うことが多い。

▶ 次の（　　　　）に適当な単語を入れてください。　　　　　🔊10

1 たくさんのお金

（　　　）（　　　　）（　　　　）money = （　　　　）money

2 いくらかのお金

（　　　　）money

3 たくさんのペン

（　　　）（　　　）（　　　）pens = （　　　）pens

4 いくらかのペン〔数本のペン〕

（　　　）pens

5 少しのお金

（　　　　）（　　　　）money

6 ほとんどないお金

（　　　　）money

7 少しのペン

（　　　　）（　　　　）pens

8 ほとんどないペン

（　　　　）pens

9 少しもないお金

（　　　　）money = not（　　　　）money

10 1つもないペン

（　　　　）pens = not（　　　　）pens

ワンポイントアドバイス

「1つもないペン」は，no pensのようにsがついていますが，そもそも1人しかいないのが普通であるものは，no father（いない父）のようにsがつきません。

答え ………………………………………………………………………………………………………

1 a lot of, much　**2** some　**3** a lot of, many　**4** some　**5** a little　**6** little　**7** a few　**8** few
9 no, any　**10** no, any

11 | 数えられない名詞の数え方

数えられない名詞を使うときの決まりごと

数えられない名詞には決まったいい方があります。

beer	a bottle of beer	ビール1本
water	a glass of water	コップ1ぱいの水
tea	a cup of tea	カップ1ぱいのお茶
paper	a piece of paper	1枚の紙
chalk	a piece of chalk	1本のチョーク
news	a piece of news	1つのニュース

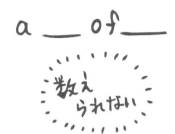

数えられない名詞が2つ以上の場合

数えられない名詞のものが2つ以上のときは次のようにいいます。

two glasses of ～	コップ2はいの～
two cups of ～	カップ2はいの～
two pieces of ～	2つの～
two bottles of ～	ビン2本の～

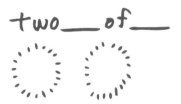

発音 beer[ビアァ] water[ウォータァ] glass[グレァスッ] tea[ティー] cup[カップッ]
paper[ペーィパァ] piece[ピースッ] chalk[チョークッ] news[ニューズッ]
two glasses of ～[チュー グレァスィザヴッ] two cups of ～[チュー カップサヴッ]
two pieces of ～[チュー ピィースィザヴッ] two bottles of ～[チュー バトー ザヴッ]

cupとglassのちがい

熱い飲み物はcup, 冷たい飲み物はglassを使います。

ただし, 「計量カップ1ぱいの水」は a cup of を使います。

| a beer bottle | 1本のビールビン |
| a bottle of beer | 1本のビール |

▶次の（　　　　　）に適当な単語を入れてください。　　🔊 11

1 コップ1ぱいのミルク

　　a（　　　　　）of milk

2 コップ2はいのミルク

　　two（　　　　　）of milk

3 カップ1ぱいの紅茶

　　a（　　　　　）of black tea

4 カップ2はいの紅茶

　　two（　　　　　）of black tea

5 ビール1本

　　a（　　　　　）of beer

6 1本のチョーク

　　a（　　　　　）of chalk

7 2本のチョーク

　　two（　　　　　）of chalk

8 1つのニュース

　　a（　　　　　）of news

9 1枚の紙

　　a（　　　　　）of paper

10 たくさんの紙

　　many（　　　　　）of paper ＝（　　　　　）paper

決まった
いいかたが
あるよ！

┌ ワンポイントアドバイス ┐

たくさんの紙はmuch paperまたはmany pieces of paperと表します。

答え ……………………………………………………………………………………

❶glass ❷glasses ❸cup ❹cups ❺bottle ❻piece ❼pieces ❽piece ❾piece
❿pieces, much

12 | someとanyの使い方

someとanyの使い分け

基本的にsomeとanyはどちらも「いくらかの, いくつかの」という意味を表します。
普通someは肯定文, any は否定文と疑問文で使います。

〈肯定文〉

I have **some** books.　　　（私はいくつか本をもっています。）

I have **some** money.　　　（私はいくらかお金をもっています。）

〈否定文〉

I don't have **any** books.　　（私は少しも本をもっていません。）

I don't have **any** money.　　（私は少しもお金をもっていません。）

Do you have **any** books?　　（あなたはいくらか本をもっていますか。）

Do you have **any** money?　　（あなたはいくらかお金をもっていますか。）

ここまでは基本的なsomeとanyの考え方です。
ただし, 高校英語ではもう少しくわしく習います。

疑問文で使うときのsomeとanyの意味

相手に質問をして, Yes を期待しているときは**some**, 期待していないときは**any**を
使います。

つまり, Do you have some money? だと, （もっていますよね。）

Do you have any money? だと, （もっていませんよね。）

のような感じになります。

相手になにかものをすすめるときは, 失礼にならないようにsomeを使います。

Would you have some tea?

（お茶はいかがですか。）

 相手にものをすすめるとき, 肯定文のときはsome, 否定文と疑問文のとき
は, anyを使います。

ヒント　疑問文でも相手にものをすすめているときは，some
ここでは，中学英語の考え方で答えてください。

▶次の（　　　）にsomeまたはanyを入れてください。　　🔊 12

1 I have（　　　）books.

2 Tony has（　　　）money.

3 Do you have（　　　）books?

4 Do you have（　　　）money?

5 I don't have（　　　）books.

6 I don't have（　　　）money.

7 Would you have（　　　）tea?

8 There are（　　　）books on my desk.

9 There aren't（　　　）books on my desk.

▶意味の通る英文になるように（　　　）内の単語を並べ替えなさい。

10 あなたの机の上にはいくらか本がありますか。

（ your / on / any / desk / are / books / there ）?

日本語訳
1 私はいくらか本をもっています。
2 トニー君はいくらかお金をもっています。
3 あなたはいくらか本をもっていますか。
4 あなたはいくらかのお金をもっていますか。
5 私は少しも本をもっていません。
6 私は少しもお金をもっていません。
7 お茶をいかがですか。
8 私の机の上にいくらか本があります。
9 私の机の上に少しも本はありません。

on his
head...

ワンポイントアドバイス

否定文で，anyを使うときは，<u>少しもない</u>という意味になります。

答え ··

1 some　**2** some　**3** any　**4** any　**5** any　**6** any　**7** some　**8** some　**9** any　**10** Are there any books
on your desk

033

13 | I run.をbe動詞を使っていいかえる

英語では，I run.のような動詞を使った表現を，be動詞と名詞を使っていいかえることができます。

〈パターン1〉 動詞→be動詞＋a（またはan）＋名詞（動詞＋er）

I run. → I am a runner.	（私は走ります。→ 私は走る人です。）
動詞　　　be動詞　動詞＋er	動詞　　　　　　　名詞

I walk. → I am a walker.　　（私は歩きます。→ 私は歩く人です。）

I swim. → I am a swimmer.　（私は泳ぎます。→ 私は泳ぐ人です。）

I teach. → I am a teacher.　（私は教えます。→ 私は教える人です。）

〈パターン2〉 動詞＋副詞→be動詞＋a（またはan）＋形容詞＋名詞（動詞＋er）

I run fast.　　　　　　　→ I am a fast runner.
動詞　副詞　　　　　　　　be動詞　形容詞　動詞＋er

（私は 速く 走ります。　　→ 私は 速い 走る人です。）
　　　副詞　動詞　　　　　　　形容詞 名詞

I walk slowly.　　　　　→ I am a slow walker.

（私は おそく 歩きます。　→ 私は おそい 歩く人です。）

I swim well.　　　　　　→ I am a good swimmer.

（私は じょうずに 泳ぎます。→ 私は じょうずな 泳ぐ人です。）

I teach well.　　　　　　→ I am a good teacher.

（私は じょうずに 教えます。→ 私は じょうずな 教える人です。）

発音 run[ウランヌ] runner[ウラナァ] walk[ウォークッ] walker[ウォーカァ]
swim[スウィムッ] swimmer[スウィマァ] teach[ティーチッ] teacher[ティーチァァ]
fast[フェアストゥッ] slow[スローゥ] slowly[スローゥリィ] well[ウェオ] good[グッ・]

これだけは覚えよう！ 動詞にerをつけると，「～する人」という意味になります。
erは，runとswimのように最後の文字の前に母音（ア，イ，ウ，エ，オ）が1つしかないときは最後の文字を重ねてerをつけます。

> ヒント good と well, slow と slowly など, よく使う形容詞と副詞があります。

▶次の（　　　　）に適当な単語を入れてください。　🔊 13

1 私は歩きます。

I (　　　　). = I am a (　　　　).

2 私は走ります。

I (　　　　). = I am a (　　　　).

3 私は泳ぎます。

I (　　　　). = I am a (　　　　).

4 私は教えます。

I (　　　　). = I am a (　　　　).

5 私はゆっくり走ります。

I (　　　　)(　　　　). = I am a (　　　　)(　　　　).

6 私は速く歩きます。

I (　　　　)(　　　　). = I am a (　　　　)(　　　　).

7 私はじょうずに教えます。

I (　　　　)(　　　　). = I am a (　　　　)(　　　　).

8 私は速く泳ぎます。

I (　　　　)(　　　　). = I am a (　　　　)(　　　　).

9 私はゆっくり泳ぎます。

I (　　　　)(　　　　). = I am a (　　　　)(　　　　).

10 私はじょうずに泳ぎます。

I (　　　　)(　　　　). = I am a (　　　　)(　　　　).

ワンポイントアドバイス

I teach English.＝I am an English teacher.
I teach English well. ＝I am a good English teacher.

答え

❶walk, walker ❷run, runner ❸swim, swimmer ❹teach, teacher ❺run slowly, slow runner
❻walk fast , fast walker ❼teach well, good teacher ❽swim fast, fast swimmer
❾swim slowly, slow swimmer ❿swim well, good swimmer

035

14 時を表す前置詞 (at, in, on)

英語には，日本語の「〜で，〜に」にあたる前置詞と呼ばれる単語があります。
これらの単語を使うと，「3時に」のように時間を表すことができます。

■ 時を表すat, in, onの使い分け

at	→	あっという間に過ぎる時間を表します。
in	→	時間的に長い場合に使います。
on	→	特定の日を表すときに使います。

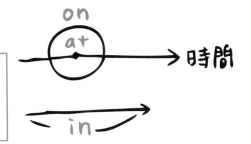

at noon	正午に	at lunch	昼食のときに
at night	夜に		
in (the) spring	春に	in (the) summer	夏に
in (the) fall	秋に	in (the) winter	冬に
in the morning	午前中に	in the afternoon	午後に
in the evening	夕方に，夜に		
in 1964	1964年に		
in May	5月に	on May (the) fifteenth	5月15日に
on Christmas Day	クリスマスの日に		
on a nice day	ある晴れた日に		

発音 at noon[アッ・ヌーーンヌ] at lunch[アッ・ランチッ] at night[アッ・ナーィトゥッ]
in (the) spring[イン ざ スプゥリン・] in (the) summer[イン ざ サマァ]
in (the) fall[イン ざ フォーオ] in (the) winter[イン ざ ウィンタァ]
in the morning[イン ざ モーニン・] in the afternoon[イン ずィ エァフタヌーーンヌ]
in the evening[イン ずィ イーヴニン・] in 1964[イン ナィンティーーン スィックスティフォー]
in May[イン メーィ] on May (the) fifteenth[オン メーィ ざ フィフティーーンスッ]
on Christmas Day[オン クゥリスマスッ デーィ] on a nice day[オナ ナーィスデーィ]

at night（夜に）と，in the evening（夕方に，夜に）との違いは，「寝るための夜」の意味を表しているのがat night，「いろいろなことをする夜の時間」を表しているのがin the eveningです。

ヒント　atは点，inは線（点がいっぱい集まっている）そしてonはお決まりの日。

▶次の（　　　　）に適当な前置詞を入れてください。　　　🔊 14

1　夜に　　　　　　　（　　　　　）night

2　夕方に，夜に　　　（　　　　　）the evening

3　春に　　　　　　　（　　　　　）the spring

4　5月に　　　　　　（　　　　　）May

5　5月15日に　　　　（　　　　　）May（the）fifteenth

6　1964年に　　　　　（　　　　　）1964

7　昼食のときに　　　（　　　　　）lunch

8　正午に　　　　　　（　　　　　）noon

9　ある晴れた日に　　（　　　　　）a nice day

10　朝の6時に　　　　（　　　　　）six（　　　　　）the morning

ワンポイントアドバイス

小さいものが大きいものに食べられるという感じで並べ方を覚えましょう。
「朝の6時に」を表したいときは，<u>at</u> six <u>in</u> the morningとなります。

答え ···
1at　**2**in　**3**in　**4**in　**5**on　**6**in　**7**at　**8**at　**9**on　**10**at, in

15 │ 場所を表す前置詞 (at, in, on)

時を表す前置詞と同じように, 場所の「〜で, 〜に」をat, in, onで表すことができます。

■ 場所を表すat, in, onの使い方

at	→	一地点, せまい場所を表します。
in	→	広い場所, 「〜の中」を表します。
on	→	「〜の上に」, 「〜にくっついて」, 「〜に面して」を表します。

Let's meet **at** Osaka Station.　（大阪駅で会いましょう。）
I arrived **at** Itami Airport.　　（私は伊丹空港に到着しました。）
I live **in** Sasayama City.　　　（私は篠山市に住んでいます。）
I arrived **in** Japan.　　　　　（私は日本に到着しました。）
There is a pen **on** your desk.　（あなたの机の上に1本ペンがありますよ。）

■ at, in, onの使い分け

I live **in** Tokyo.　　　　　　（私は東京に住んでいます。）
I live **at** 49 Aoyama Street.　（私は青山通りの49番地に住んでいます。）
I live **on** Fifth Street.　　　（私は五番街に住んでいます。）
I live **at** my grandmother's house **in** Tokyo.
（私は東京の私のおばあさんの家に住んでいます。）

1つの文に2つの場所が出てくるときは, 広い方にin, せまい方にatを使います。
ただし, どちらにもinを使う人もいます。

発音 Let's[レッツッ]　meet[ミートゥッ]　station[ステーィシュンヌ]
　　airport[エアァポートゥッ]　live[リヴッ]　city[スィティ]　arrived[アゥラーィヴッドゥッ]
　　forty-nine[フォーティ ナーィンヌ]　street[スチュリートゥッ]

「東京駅で」となっていても, 東京駅の〈中で〉買い物をするならば,
in Tokyo Stationと表し, 〈一地点としての〉東京駅で会うならば,
at Tokyo Stationと表します。

ヒント 点ならばat, たてと横を感じさせるもののときはon, たて, 横, 高さを感じさせるとin

▶次の日本語に合うように適当な前置詞を（　　　　）に入れてください。

①　私は東京駅でトニー君に出会った。　🔊))15

I met Tony （　　　　） Tokyo Station.

②　私は買い物に東京駅へ行った。

I went shopping （　　　　） Tokyo Station.

③　私は東京に住んでいます。

I live （　　　　） Tokyo.

④　私は東京の私のおばあさんの家に住んでいます。

I live （　　　　） my grandmother's house （　　　　） Tokyo.

⑤　私は青山通りの49番地に住んでいます。

I live （　　　　） 49 Aoyama Street.

⑥　私は青山通りに住んでいます。

I live （　　　　） Aoyama Street.

⑦　私は日本に到着しました。

I arrived （　　　　） Japan.

⑧　私は伊丹空港に到着しました。

I arrived （　　　　） Itami Airport.

⑨　壁に1匹のハエがとまっています。

There is a fly （　　　　） the wall.

▶意味の通る英文になるように（　　　　）内の単語を並べ替えなさい。

⑩　天井に1匹のハエがとまっています。

（ a / the / there / fly / ceiling / is / on ）.

発音 went［ウェントゥッ］　shopping［シァピン・］　fly［フラーィ］　wall［ウォーオ］
　　 ceiling［スィーリン・］

ワンポイントアドバイス

onはなにかにくっついているときに使います。

答え
①at ②in ③in ④at, in ⑤at ⑥on ⑦in ⑧at ⑨on ⑩There is a fly on the ceiling

039

16 上下を表す前置詞
(up, down, over, under)

上下を表す前置詞には，動きを表すものと状態を表すものがあります。

up, down, over, underの使い分け

up	→ 上に動く	down	→ 下に動く
over	→ 真上にある	under	→ 真下にある

Let's go **up** the stairs. 　　　　　　（階段を上がりましょう。）
Let's go **down** the stairs. 　　　　　（階段を降りましょう。）
A plane is flying **over** us. 　　　　（飛行機が私たちの真上を飛んでいます。）
Tony is standing **under** that tree. （トニー君はあの木の下に立っています。）

発音 up [アップッ]　down [ダーゥンヌ]　over [オーゥヴァ]　under [アンダァ]　Let's [レッツッ]
　　 go [ゴーゥ]　stairs [ステアァズッ]　plane [プレーィンヌ]　flying [フラーィイン・]
　　 standing [ステァンディン・]　tree [チュリー]

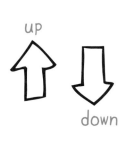

 上下に動くときはup, down, 上や下にあるときは, over, underで
表します。

040

▶次の（　　　　）に up, down, over, under のうちから適当なものを
入れてください。

🔊 16

1 階段を上がりましょう。

Let's go （　　　　） the stairs.

2 階段を降りましょう。

Let's go （　　　　） the stairs.

3 飛行機が私の真上を飛んでいます。

A plane is flying （　　　　） me.

4 トニー君はあの木の下に座っています。

Tony is sitting （　　　　） that tree.

5 上を見て。

Look （　　　　）.

6 下を見て。

Look （　　　　）.

7 エスカレーターで上へ行きましょう。

Let's go （　　　　） on the escalator.

8 エレベーターで下へ行きましょう。

Let's go （　　　　） in the elevator.

9 3階まで上がりましょう。

Let's go （　　　　） to the third floor.

▶意味の通る英文になるように（　　　　）内の単語を並べ替えなさい。

10 上ですか，下ですか。〔エレベーターで〕

（ up / down / or ）?

発音 third［さ〜ドゥッ］　floor［フローァァ］　sitting［スィティン・］　escalator［エスカレーィタァ］

elevator［エレヴェーィタァ］

ワンポイントアドバイス

「エレベーターで」の「で」は，箱の中のイメージで in を使います。
「エスカレーターで」の「で」は，上に乗っている感じで on を使います。

答え

1 up　**2** down　**3** over　**4** under　**5** up　**6** down　**7** up　**8** down　**9** up　**10** Up or down

17 | 前後の意味，反対の意味を 表す前置詞

▐ before，afterとwith，withoutの意味

はじめにそれぞれの単語の意味を覚えましょう。

before	→ ～の前に
after	→ ～の後に
with	→ ①いっしょに　②～をもっている　③～を使って（～で）　④身につけて
without	→ ①～をもたないで（～なしで）　②～しないで

▐ beforeとafterの使い方

I study before playing.　　（私は遊ぶ前に勉強します。）

I play after studying.　　（私は勉強してから遊びます。）

Before class I run.　　（授業の前に私は走ります。）

After class I run.　　（放課後私は走ります。）

▐ withとwithoutの使い方

I live with my friend.　　　　（私は友だちといっしょに住んでいます。）

I have no money with me.　　　（私はお金の持ちあわせはありません。）

I know that boy with long hair.　（私は長髪のあの少年を知っています。）

I take notes with a pen.　　　（私はペンでノートをとります。）

I go out without a bag.　　　（私はカバンをもたないで外出します。）

I drink coffee without sugar.　（私は砂糖なしでコーヒーを飲みます。）

I study without playing.　　　（私は遊ばないで勉強します。）

発音 before[ビフォアァ]　after[エァフタァ]　with[ウィずッ]　without[ウィざーゥトゥッ]
　　　playing[プレーィン・]　studying[スタディン・]　friend[フゥレンドゥッ]　money[マニィ]
　　　hair[ヘァァ]　sugar[シュガァ]　drink[ジュリンクッ]　coffee[コーフィ]

 これだけは 覚えよう！ before, after, withoutは動詞のing形をともなうことがよくあります。

042

ヒント 1つの日本文の中で，1番いいたいことは何かを考えて，残ったところが前置詞＋名詞になります。

▶次の（　　　　）にbefore, after, with, without のうちから適当な前置詞を入れてください。 🔊 17

1 私は授業の前に勉強します。

I study（　　　　）class.

2 私は放課後に勉強します。

I study（　　　　）class.

3 私は勉強してからテレビを見ます。

I watch television（　　　）（　　　）.

4 私はテレビを見る前に勉強します。

I study（　　　）（　　　）television.

5 私は長髪のあの少年が好きです。

I like that boy（　　　）(the) long hair.

6 私はえんぴつでノートをとります。

I take notes（　　　）a pencil.

7 私は手持ちのお金が少しもありません。

I have no money（　　　）me.

8 私はカバンをもたないで学校へ行きます。

I go to school（　　　）a bag.

9 私は砂糖を入れないでコーヒーを飲みます。

I drink coffee（　　　）sugar.

▶意味の通る英文になるように（　　　　）内の単語を並べ替えなさい。

10 私はテレビを見ないで勉強します。

(study / I / without / television / watching).

発音 watch［ワッチッ］ television［テレヴィジュンヌ］ take［ティークッ］ notes［ノーゥツッ］

ワンポイントアドバイス

「〜しないで」と表したいときは，without 〜ingとしてください。

答え ....

1before **2**after **3**after studying **4**before watching **5**with **6**with **7**with **8**without
9without **10**I study without watching television

043

18 | まちがいやすい前置詞
(by, nearとby, till)

■■■ 似たような意味を表すnearとby

by	→	そばに
near	→	近くに

I live **by** Tokyo Tower.

(私は東京タワーの見えるところに住んでいます。)

I live **near** Tokyo Tower.

(私は東京タワーの近くに住んでいます。)

このように考えると次の例文のどちらが正しいかがよくわかります。

I live **near** Osaka City.　　→ [○]

　(私は大阪市の近くに住んでいます。)

I live **by** Osaka City.　　　→ [×]

　(私は大阪市の見えるところに住んでいます。)

「大阪市の見えるところ」という日本語がおかしいのと同じで、英語でもおかしいのです。

■■■ 似たような意味を表すbyとtill

by	→	～までに
till	→	～まで

I will finish my homework **by** noon.

(私は正午までに、私の宿題を終えるつもりです。)

I will study **till** noon.

(私は正午まで、勉強するつもりです。)

発音 by [バーィ]　near [ニアァ]　live [リヴッ]　city [スィティ]　till [ティォ]
　　finish [フィニッシッ]　homework [ホーゥムッワ～クッ]　noon [ヌーンヌ]

これだけは覚えよう！　「つづく」という意味に重点をおきたいときはtill、「終わる」ということに重点をおきたいときはbyを使います。

044

ヒント byとnearは左のページの説明で覚えておくとまちがいません。
ただし，学校のテストでは下の問題の❸以外はbyでもnearでも
まちがいではありません。

▶次の（　　　）にby, near, tillのうちから適当な単語を入れてください。

❶ 私は湖の見えるところに住んでいます。　　🔊 18

　　I live （　　　） the lake.

❷ 私は湖の近くに住んでいます。

　　I live （　　　） the lake.

❸ 私は大阪市の近くで生まれました。

　　I was born （　　　） Osaka City.

❹ 私は正午までに仕事を終えるつもりです。

　　I will finish working （　　　） noon.

❺ 私は正午まで勉強をするつもりです。

　　I will study （　　　） noon.

❻ 私は9時から5時まで働きます。

　　I work from nine （　　　） five.

❼ 私は朝から夜まで働きます。

　　I work from morning （　　　） night.

❽ 私は正午までにここにもどります。

　　I will be back （　　　） noon.

❾ 私は正午までここにいます。

　　I will be here （　　　） noon.

▶意味の通る英文になるように（　　　）内の単語を並べ替えなさい。

❿ 私は正午までにもどります。

　　(by / I / noon / will / be / here).

発音 lake［レーィクッ］ born［ボーンヌ］ working［ワ〜キン・］ morning［モーニン・］
night［ナーィトゥッ］ dinner［ディナァ］

┌─ ワンポイントアドバイス ─┐
I will be here. には①「私はここにいるつもりです。」と②「私はここにもどるつもり
です。」の2つの意味があります。
└─────────────┘

答え ‥‥
❶by ❷near ❸near ❹by ❺till ❻till ❼till ❽by ❾till ❿I will be here by noon

19 | 副詞の働きをする前置詞＋名詞と語句

最初にまず，前置詞＋名詞＝副詞と覚えてください。

副詞の役割

副詞というのは，おまけの働きをする言葉です。

おまけというのは，それがなくても問題がないということです。

おまけの部分がなくても意味がわかる英文であると考えることができます。

I study <u>here</u>.　（私は<u>ここで</u>勉強します。）
　　　　副詞

I study <u>there</u>.　（私は<u>そこで</u>勉強します。）
　　　　副詞

下線部分を省いても，「私は勉強します」という意味のわかる文になります。

〈前置詞＋名詞〉または〈every＋名詞〉で副詞の働きをする例

I study <u>after dinner</u>.　　　（私は<u>夕食後に</u>勉強します。）
　　　　前置詞＋名詞

I study <u>every night</u>.　　　（私は<u>毎晩</u>勉強します。）
　　　　副詞相当語句

I study <u>in my room</u>.　　　（私は<u>私の部屋で</u>勉強します。）
　　　　前置詞＋名詞

We study <u>on Sundays</u>.　　（私たちは<u>毎週日曜日に</u>勉強します。）
　　　　　前置詞＋名詞

We study <u>every Sunday</u>.　（私たちは<u>毎週日曜日に</u>勉強します。）
　　　　　副詞相当語句

副詞のときと同じように下線部分を省いても意味がわかる文になります。

このことから，after dinner，every night，in my roomは副詞と同じ役割をしているということがわかります。

発音 study[スタディ] here[ヒァァ]

 次の単語と名詞をいっしょに使うと副詞相当語句になります。
every[エヴゥリィ]毎　　last[レァストゥッ]前の
next[ネクッストゥッ]次の　this[ずィスッ]この

ヒント 副詞の働きをする言葉があるときは, 前置詞をつけることが基本的には できません。

▶次の日本文と同じ意味になるように (　　　　　) に適当な単語を入れてくだ さい。

🔊 19

1 私は毎晩勉強します。

I study (　　　　) night.

2 私は毎日勉強します。

I study (　　　　) day.

3 私は先週の日曜日にテニスをしました。

I played tennis (　　　　) Sunday.

4 私は来週の日曜日にテニスをするつもりです。

I will play tennis (　　　　) Sunday.

5 私は毎週日曜日にテニスをします。

I play tennis (　　　　) Sunday.

6 私は毎週日曜日にテニスをします。

I play tennis (　　　　) Sundays.

7 私は今週の水曜日にテニスをするつもりです。

I will play tennis (　　　　) Wednesday.

8 私は今週中にテニスをするつもりです。

I will play tennis sometime (　　　　) week.

〈ヒント〉sometime [サムターィム] いつか

9 私はここで勉強します。

I study (　　　　).

▶意味の通る英文になるように (　　　　) 内の単語を並べ替えなさい。

10 私は私の部屋で勉強します。

(study / room / I / in / my).

┌─ **ワンポイントアドバイス** ─────────────────────

here (ここに), there (そこに), over there (あそこに) は前置詞の意味をふくん でいるので, 前置詞をつける必要はありません。

└─────────────────────────────────────

答え ··

1 every **2** every **3** last **4** next **5** every **6** on **7** this **8** this **9** here **10** I study in my room

047

20 動詞 (give, show, teach, buy, makeなど) の使い方

「私はあなたにこの本をあげます。」のように，日本文の中に「〜を」と「〜に」が同時にあるときは，同じ意味の英文を2通り作ることができます。

■■■ 〈人＋物〉または〈物＋to＋人〉のパターン

「それじゃ，私はあなたにこの本をあげますよ。」

    Then I will give <u>you</u> <u>this book</u>.

    Then I will give <u>this book</u> to <u>you</u>.

「それじゃ，私はあなたにこの本を見せてあげますよ。」

    Then I will show <u>you</u> <u>this book</u>.

    Then I will show <u>this book</u> to <u>you</u>.

「それじゃ，私はあなたに英語を教えてあげますよ。」

    Then I will teach <u>you</u> <u>English</u>.

    Then I will teach <u>English</u> to <u>you</u>.

■■■ 〈人＋物〉または〈物＋for＋人〉のパターン

「それじゃ，私はあなたにこの本を買ってあげますよ。」

    Then I will buy <u>you</u> <u>this book</u>.

    Then I will buy <u>this book</u> for <u>you</u>.

「それじゃ，私はあなたにお茶を入れてあげますよ。」

    Then I will make <u>you</u> <u>some tea</u>.

    Then I will make <u>some tea</u> for <u>you</u>.

発音 to［チュ］ for［フォ］ then［ゼンヌ］ will［ウィォ］
give［ギヴッ］ show［ショーゥ］ buy［バーィ］
make［メーィクッ］ some［サムッ］ tea［ティー］

For you!

これだけは覚えよう！ 「あなたに〜する」ならばto you，「あなたのかわりに〜してあげる」ならばfor youと考えるとわかりやすいですよ。

ヒント 〈人＋物〉は〈物＋to〉または〈for＋人〉で書きかえられます。

▶次の（　　　　）に適当な単語を入れてください。 🔊 20

「それじゃ, 私はあなたにこの本を見せてあげますよ。」

1 Then I will show（　　　　）（　　　　）（　　　　）.

2 Then I will show this book（　　　　）（　　　　）.

「それじゃ, 私はあなたにこの本を買ってあげますよ。」

3 Then I will buy（　　　　）（　　　　）（　　　　）.

4 Then I will buy this book（　　　　）（　　　　）.

「それじゃ, 私はあなたにお茶を入れてあげますよ。」

5 Then I will make（　　　　）some tea.

6 Then I will make some tea（　　　　）（　　　　）.

「それじゃ, 私はあなたにこの本をあげますよ。」

7 Then I will give（　　　　）this book.

8 Then I will give this book（　　　　）（　　　　）.

▶意味の通る英文になるように（　　　　）内の単語を並べ替えなさい。

「それじゃ, 私はあなたに英語を教えてあげますよ。」

9 (then / I / English / you / teach / will).

10 (to / English / teach / then / I / will / you).

発音 teach［ティーチッ］　English［イングリッシッ］

ワンポイントアドバイス

willは「（これから）～します」といいたいときに使う言葉なので, Then（それでは）と
いっしょに使っています。

答え
1 you this book　**2** to you　**3** you this book　**4** for you　**5** you　**6** for you　**7** you　**8** to you
9 Then I will teach you English　**10** Then I will teach English to you

21 動詞を助けて, いいたいことをより はっきりさせる助動詞

英語は〈主語＋動詞〉のパターンで並べることが普通ですが, 〈主語＋助動詞＋動詞〉のパターンにすることで, いいたいことをよりはっきり表すことができます。

▶ 助動詞を使った書きかえ

私は勉強するつもりです。

I **will** study. → I **am going to** study.

私は勉強しなければならない。

I **must** study. → I **have to** study.

私は泳ぐことができます。

I **can** swim. → I **am able to** swim.

助動詞はdoやdoesと同じ種類の言葉なので, do not, does notと同じようにwill not, must not, can not のように否定文にすることもできます。
Do you～?と同じでWill you～?, Must you～?, Can you～?のように, 疑問文を作ることもできます。
助動詞またはtoが入っているときは, 必ず動詞の原形（sがつかない形）をうしろに置かなければなりません。

発音 will［ウィオ］ must［マスットゥッ］ can［ケンヌ］ going［ゴーゥイン・］
have to［ヘァフットゥッ］ able［エーィボー］

am going to study は, 気持ちがtoの方向に向かっているので「勉強するつもり」, **have to study** は「勉強することがある」という意味なので「勉強しなければならない」, **be able to swim** は「泳ぐ才能がある」ということなので, 「泳げる」となります。

ヒント can not はcan't, must notはmustn't
will notはwon'tのように省略形もあります。

▶次の（　　　　　）に適当な単語を入れて同じ意味の英語にしてください。

1 私は勉強しなければならない。　　　　　　　　　　🔊 **21**

I （　　　　　）（　　　　　　　） study. = I （　　　　　） study.

2 私は勉強するつもりです。

I （　　　　　）（　　　　　　）（　　　　　　） study. = I （　　　　　） study.

3 私は泳ぐことができる。

I （　　　　　）（　　　　　　）（　　　　　　） swim. = I （　　　　　） swim.

4 トニーは勉強しなければならない。

Tony （　　　　　）（　　　　　　） study. = Tony （　　　　　） study.

5 トニーは泳ぐことができる。

Tony （　　　　　）（　　　　　　）（　　　　　　） swim. = Tony （　　　　　） swim.

6 あなたは勉強するつもりですか。

（　　　　　） you （　　　　　）（　　　　　　） study?

7 私は泳ぐことができません。

I am （　　　　　）（　　　　　　） to swim.

8 あなたは勉強しなければならないのですか。

（　　　　　） you （　　　　　）（　　　　　　） study? = （　　　　　） you study?

9 私は勉強するつもりはありません。

I （　　　　）（　　　　　）（　　　　　　） to study. = I （　　　　　）（　　　　　　） study.

10 私は泳ぐことができません。

I （　　　　　　） swim. = I （　　　　　）（　　　　　　） swim.

ワンポイントアドバイス

have to [ヘァフットゥッ] **has to**は [ヘァスットゥッ] と発音されることが多いようです。

答え ···

1 have to, must **2** am going to , will **3** am able to, can **4** has to, must **5** is able to, can
6 Are, going to **7** not able **8** Do, have to, Must **9** am not going, will not **10** can't, can not

051

22 未来と過去のことを表す ときに使う助動詞

▶ 未来のことを表す方法

私は泳げます。

I <u>can</u> swim. = I <u>am able to</u> swim.

これにwill（～でしょう）を入れると未来のことを表すことができます。

I <u>will</u> <u>be able to</u> swim.　（私は泳げるようになるでしょう。）

助動詞のうしろなので，amは原形のbeになります。

私は勉強しなければならない。

I <u>must</u> study. = I <u>have to</u> study.

これにwillを入れることで未来のことを表すことができます。

I <u>will</u> <u>have to</u> study tomorrow.

（私はあす勉強しなければならないでしょう。）

発音 study［スタディ］　tomorrow［トゥマゥローゥ］

▶ 過去のことを表す方法

私は泳げます。

I <u>can</u> swim. =I <u>am able to</u> swim.

amを過去形にすることで過去のことを表せます。

I <u>was</u> <u>able to</u> swim.　（私は泳ぐことができました。）

私は勉強しなければなりません。

I <u>must</u> study. =I <u>have to</u> study.

haveを過去形にすると過去のことを表すことができます。

I <u>had</u> to study.　（私は勉強しなければならなかった。）

これだけは覚えよう！　助動詞は2つ重なってはいけない決まりなので，〈will <u>can</u>〉を〈will be able to〉，〈will <u>must</u>〉を〈will have to〉としなければなりません。

ヒント tomorrow（あす）　yesterday（きのう）

▶次の（　　　　）に適当な英語を入れて未来を表す文にしてください。

1 I can swim.
→I (　　　　) (　　　　) (　　　　) (　　　　) swim. 🔊22

2 I must run.
→I (　　　　) (　　　　) (　　　　) run.

3 Tony can swim.
→Tony (　　　　) (　　　　) (　　　　) (　　　　) swim.

4 Tony must swim.
→Tony (　　　　) (　　　　) (　　　　) swim.

▶次の英文を過去の文にしてください。

5 I can swim. → I (　　　　) (　　　　) (　　　　) swim.

6 I must study. → I (　　　　) (　　　　) study.

7 Tony can swim. → Tony (　　　　) (　　　　) (　　　　) swim.

8 Tony must swim. → Tony (　　　　) (　　　　) swim.

▶次の日本文を英語にしてください。

9 私はあす走らなければならないでしょう。
（　　　　　　　　　　　　　　　　）

10 私はきのう走らなければならなかった。
（　　　　　　　　　　　　　　　　）

ワンポイントアドバイス
can にはcouldという過去形がありますが「〜かもしれない」のような意味があるので，was able toやwere able toを使って「〜することができた」を表した方がよいでしょう。ただし，過去を表す言葉とcouldがいっしょに使われている場合は使っても問題ありません。

答え
1 will be able to **2** will have to **3** will be able to **4** will have to **5** was able to **6** had to
7 was able to **8** had to **9** I will have to run tomorrow. **10** I had to run yesterday.

053

23 | 相手に頼む, 許可を得る, 意志をたずねる ときに使う **助動詞**

相手に頼んだり, 許可を得たり, 意志をたずねるときに使う助動詞を覚えましょう。

それぞれの助動詞の使い方と意味

窓を開けてもらえますか。

<u>Will</u> you open the window?
<u>Can</u> you open the window?

窓を開けていただけますか。

<u>Would</u> you open the window?
<u>Could</u> you open the window?

私が窓を開けましょうか。

<u>Shall</u> I open the window?　（かたいいい方）
<u>Do</u> you want me to open the window?

私が窓を開けてもいい？

<u>Can</u> I open the window?

私が窓を開けてもかまいませんか。

<u>May</u> I open the window?

発音 Will you［ウィリュ］　Can you［ケニュ］
Would you［ウッヂュ］　Could you［クッヂュ］
Shall I［シャラーィ］　May I［メーィアーィ］
open the window［オーゥプッン　ざ　ウィンドーゥ］
want me［ワン・ミー］

これだけは 覚えよう！ **Do you want me to 〜?は, 「あなたは私に〜をしてもらいたいです か。」なので, Shall I 〜?と同じ意味で使われます。**

▶次の（　　　　　）に適当な単語を入れて日本語と同じ意味にしてください。

窓を開けていただけますか。　　　　　　　　　　　　　　🔊 23

❶（　　　　　） you open the window?　〔w からはじまる単語〕

❷（　　　　　） you open the window?

窓を開けてもらえますか。

❸（　　　　　） you open the window?　〔w からはじまる単語〕

❹（　　　　　） you open the window?

私が窓を開けましょうか。

❺（　　　　） I open the window?

❻（　　　　） you （　　　　） （　　　　） （　　　　） open the window?

私が窓を開けてもいい？

❼（　　　　） I open the window?

私が窓を開けてもかまいませんか。

❽（　　　　） I open the window?

私はもう帰ってもかまいませんか。

❾（　　　　） I go now?

▶意味の通る英文になるように（　　　　　）内の単語を並べ替えなさい。

私があなたを手伝いましょうか。

❿（help / shall / you / I）?

ワンポイントアドバイス

助動詞の過去形を使うとていねいないい方になります。

答え
❶Would　❷Could　❸Will　❹Can　❺Shall　❻Do, want me to　❼Can　❽May　❾May　❿Shall I help you

055

24 mustを利用して覚えれば わかりやすい命令文

命令文とは，相手に命令する文のことなので，Youを省略することが多いのです。少なくとも中学英語では，100パーセントYouを省略します。

命令文の理解のしかた

①You study. → Study.
　(あなたは勉強します。)　(勉強しなさい。)
　　　　　　　　→ You must study.
　　　　　　　　　(あなたは勉強しなければならない。)

②You are quiet. → Be quiet.
　(あなたは静かです。)　(静かにしなさい。)
　　　　　　　　→ You must be quiet.
　　　　　　　　　(あなたは静かにしなければならない。)

この2つのパターンを否定文にすると，否定命令文になります。

① → Don't study. (勉強するな。)
　 → You must not study. (あなたは勉強してはいけない。)
　 → You mustn't study. (あなたは勉強してはいけない。)

② → Don't be quiet. (静かにするな。)
　 → You must not be quiet. (あなたは静かにしてはいけません。)
　 → You mustn't be quiet. (あなたは静かにしてはいけません。)

発音 quiet [クワーィエットゥッ]

 基本になる英文の中にbe動詞が入っている場合，たとえばYou are quiet.のような文の場合，命令文にすると，Be quiet.になります。否定命令文にすると，Don't be quiet.のようになります。

ヒント ⑩だけはmustと同じ意味の表現を入れてください。

▶次の（　　　）に適当な単語を入れて，英文を命令文にしてください。

<u>You are quiet.</u> （あなたは静かです。） 🔊 24

1 You（　　　）（　　　）quiet.

2 （　　　）quiet.

<u>You study.</u> （あなたは勉強します。）

3 You（　　　）study.

4 （　　　）.

▶〔　　　〕の中の意味を表す英語になるように（　　　）に適当な単語を
入れてください。

5 You（　　　）（　　　）quiet.
〔あなたは静かにしてはいけません。〕

6 （　　　）（　　　）quiet.
〔静かにするな。〕

7 You（　　　）study.
〔あなたは勉強してはいけない。〕

8 You（　　　）（　　　）study.
〔あなたは勉強してはいけない。〕

9 （　　　）study.
〔勉強するな。〕

Don't!

▶意味の通る英文になるように（　　　）内の単語を並べ替えなさい。

10 あなたは勉強しなければならない。

（You / have / study / to）.

┌ **ワンポイントアドバイス** ┐
You should study. の日本語訳は「あなたは勉強すべきですよ。」となります。
You had better study. は「あなたは勉強した方がいいよ，さもないとひどい目に
あうよ。」となります。

答え ···
1 must be　**2** Be　**3** must　**4** Study　**5** mustn't be　**6** Don't be　**7** mustn't　**8** must not
9 Don't　**10** You have to study

057

25 受け身の意味を表す 受動態

よく受け身の勉強をしていてはいけないよ。何事も自分からやろうとしないとだめだよ。といわれます。自分から何かをする文のことを能動態といいます。

「助けられる」のような受け身の文のことを受動態といいます。

能動態と受動態のちがい

〈能動態〉	〈受動態〉
私は彼を助ける。 I help him.	彼は私によって助けられる。 He **is** helped by me.
私は彼を助けた。 I helped him.	彼は私によって助けられた。 He **was** helped by me.
私は彼を助けることができる。 I can help him.	彼は私によって助けられることができる。 He can **be** helped by me.

能動態から受動態への書きかえ

help　　　 → 　is helped 　〈be動詞の現在形＋動詞の過去分詞形〉にする

help**ed**　 → 　was helped 　〈be動詞の過去形＋動詞の過去分詞形〉にする

can help → 　can be helped 　can〈be動詞の原形＋動詞の過去分詞形〉にする

「助けられた」という受動態になると，動詞ではなく，形容詞の働きをするので，英文の中にbe動詞がないと文法上，正しい英文にはなりません。

また，英文の中に助動詞があるときは，かならずbe動詞の原形を使わなければなりません。

byは「〜によって」という意味の前置詞です。

「助けられた」という意味のhelpedは，過去分詞形です。

発音 help［ヘオプッ］　helped［ヘオプトゥッ］

日本文の中に「〜された」のような言葉があり，受動態のときは，〈be動詞＋過去分詞形〉のパターンを使って英文にしてください。
過去分詞形は，動詞の変化表にのっています。

▶ ( ) に適当な単語を入れて同じ意味の英文にしてください。 ◀)) 25

1 I help him. → He ( ) ( ) by me.

2 I can help him. → He can ( ) ( ) by me.

3 I helped him. → He ( ) ( ) by me.

4 I will help him. → He ( ) ( ) ( ) by me.

5 Everyone loves this book.
→ This book ( ) ( ) by everyone.

6 Everyone loved this book.
→ This book ( ) ( ) by everyone.

7 I bought this book.
→ This book ( ) ( ) by me.

8 I got this book. → This book ( ) ( ) by me.

9 I ate this. → This ( ) ( ) by me.

10 I can eat this. → This can ( ) ( ) by me.

日本語訳
1 私は彼を助ける。
2 私は彼を助けることができる。
3 私は彼を助けた。
4 私は彼を助けるつもりです。
5 みんなはこの本を愛しています。
6 みんなはこの本を愛していました。
7 私はこの本を買った。
8 私はこの本を手に入れた。
9 私はこれを食べた。
10 私はこれを食べることができます。

ワンポイントアドバイス

get の過去分詞形は, got でもgottenでもよいのですが, アメリカ英語ではgotten
をよく使うようです。

答え ……………………………………………………………………………………………………
1 is helped **2** be helped **3** was helped **4** will be helped **5** is loved **6** was loved
7 was bought **8** was gotten **9** was eaten **10** be eaten

26 否定文と疑問文の受動態

否定文と疑問文を受動態にする方法を考えます。

■■■ 否定文を受動態にするとき

He didn't help her.

彼は彼女を助けなかった。〈否定文〉 → 彼女は彼に助けられていなかった。〈否定文の受動態〉

He helped her.   … ①上の英文を一度肯定文にする

She was helped by him.   … ②上の肯定文を受動態にする

She was not helped by him.   … ③上の受動態の文を否定文にする

■■■ 疑問文を受動態にするとき

Did he help her?

彼は彼女を助けましたか？〈疑問文〉 → 彼女は彼に助けられましたか？〈疑問文の受動態〉

He helped her.   … ①上の英文を一度肯定文にする

She was helped by him.   … ②上の肯定文を受動態にする

Was she helped by him?   … ③上の受動態の文を疑問文にする

疑問詞のついた疑問文を受動態にするときは次のようにします。

What do you call this flower?　（この花を何と呼んでいますか。）

This flower is called.　… 受動態にする

Is this flower called?　… 受動態の文を疑問文にする

What is this flower called?　… 疑問詞のついた疑問文の受動態

（この花は何と呼ばれていますか。）

---

 by you（あなたをふくむみんなによって）, by us（私たちによって）, by them（彼らによって）は, 省略されることが多いようです。

060

ヒント save（〜を救助する） find（〜を見つける） when（いつ）
where（どこで）

▶次の（　　　　）に適当な単語を入れて, 受動態にしてください。 🔊26

1 He saved her.

She （　　　） saved by him.

2 He didn't save her.

She （　　　） saved by him.

3 Did he save her?

（　　　） she saved by him?

4 Where did he save her?

（　　　）（　　　） she saved

by him?

5 You found Ken.

Ken （　　　） found by you.

6 You didn't find Ken.

Ken （　　　） found by you.

7 Did you find Ken?

（　　　） Ken found by you?

8 When did you find Ken?

（　　　）（　　　） Ken found by you?

9 You will save Ken.

Ken （　　　）（　　　） saved by you.

10 When will you save Ken?

（　　　）（　　　） Ken （　　　） saved by you?

日本語訳
1 彼は彼女を救助した。
2 彼は彼女を救助しなかった。
3 彼は彼女を救助しましたか。
4 彼はどこで彼女を救助しましたか。
5 あなたはケン君を見つけた。
6 あなたはケン君を見つけなかった。
7 あなたはケン君を見つけましたか。
8 あなたはいつケン君を見つけましたか。
9 あなたはケン君を救助するつもりでしょう。
10 あなたはいつケン君を救助するつもりでしょうか。

発音 saved [セーィヴッドゥッ] found [ファーゥンドゥッ]

ワンポイントアドバイス

〈When〔Where〕＋受け身の疑問文？〉のパターンを使って〈When〔Where〕＋疑問文？〉を解いてください。

答え

1 was **2** wasn't **3** Was **4** Where was **5** was **6** wasn't **7** Was **8** When was **9** will be
10 When will, be

061

動詞を名詞に変える働きをする
名詞的用法のto不定詞

動詞の前にtoを置くことで動詞を名詞に変えることができます。

動詞にtoをつけて名詞にする

swim → to swim
泳ぐ〈動詞〉　　　　　　泳ぐこと, 水泳〈名詞〉

run → to run
走る〈動詞〉　　　　　　走ること〈名詞〉

play tennis → to play tennis
テニスをする〈動詞〉　　テニスをすること〈名詞〉

To swim is easy!

〈to＋動詞の原形〉を使った文

テニスをすることは, かんたんです。

→　To play tennis is easy.

私はテニスをすることが好きです。

→　I like to play tennis.

〈to＋動詞の原形〉を使った文の書きかえ

次の2つの文は同じ意味ですが, Itを使った英文の方がより自然です。

To play tennis is easy.

↓

It is easy to play tennis.
それ　　　　　　テニスをすること

発音 swim［スウィムッ］　to swim［チュ スウィムッ］　run［ウランヌ］　to run［チュ ウランヌ］

これだけは
覚えよう！
英語では, isの左側と右側に単語がある場合, 右側にたくさんの単語がある方が自然な英語であるといわれています。
このことから, It is easy to play tennis.が自然な英文なのです。

▶次の（　　　）に適当な単語を入れてください。　　　◀)) 27

① 私は泳ぐことが好きです。

　I like （　　　）（　　　）.

② 私はテニスをするのが好きです。

　I like （　　　）（　　　）（　　　）.

③ 泳ぐことはかんたんです。

　（　　　）（　　　）is easy.

④ 泳ぐことはかんたんです。

　（　　　）is easy （　　　）（　　　）.

⑤ 私は泳ぎたい。

　I want （　　　）（　　　）.

⑥ 泳ぐことは私にとってかんたんです。

　（　　　）is （　　　）（　　　）（　　　）（　　　）swim.

⑦ コインを集めることはおもしろい。

　（　　　）（　　　）coins （　　　）fun.

⑧ コインを集めることはおもしろい。

　（　　　）is fun （　　　）（　　　）coins.

⑨ 私にとってコインを集めることはおもしろい。

　（　　　）is fun （　　　）（　　　）（　　　）（　　　）coins.

▶意味の通る英文になるようにカッコ内の単語を並べ替えなさい。

⑩ 私はコインを集めたい。

　（collect / want / to / I / coins）.

ワンポイントアドバイス

to collect coins（コインを集めること）のように「～すること」で終わっているときは，coins と複数形になっていても are ではなく，is を使います。

答え ……………………………………………………………………………………………………

①to swim ②to play tennis ③To swim ④It, to swim ⑤to swim ⑥It, easy for me to
⑦To collect, is ⑧It, to collect ⑨It, for me to collect ⑩I want to collect coins

28 名詞をくわしく説明するときに使う 形容詞的用法の to 不定詞

名詞をくわしく説明するときに〈to＋動詞の原形〉のパターンを使うことができます。

■ 〈to＋動詞の原形〉を使って名詞を説明する

ある本	a book
私が読むある本	a book I read
読むためのある本	a book to read
私が読むためのある本	a book for me to read

このイス	this chair
私が座るこのイス	this chair I sit on
座るためのこのイス	this chair to sit on
私が座るためのこのイス	this chair for me to sit on

■ 2つのものを〈to＋動詞の原形〉でまとめる

I want **a book**. I read **it**.

同じもの

→ 私は本がほしい。 私はそれを読む。→ 私は読むための本がほしい。

a bookとitが同じ本をさしているので，itを消して1つの文にします。
2つめのIをtoにします。

→ I want a book to read.

発音 read［ウリードゥッ］ for me［フォーミー］
sit on［スィットーンヌ］ chair［チェアァ］イス

これだけは
覚えよう！ 動詞のうしろに前置詞がいるかいらないかは，基本になる英文がどんなものかを考えればわかります。
たとえば，I sit on this chair.にはonはかならずいるので，this chair to sit onのようにonが最後に必要なのです。

064

ヒント live in（～に住む） play with（～と遊ぶ） cold（冷たい）

▶次の（　　　　　）に適当な単語を入れてください。 ◀)) 28

1 飲むためのもの＝飲むもの

something（　　　　）drink

2 冷たい飲み物

something（　　　　）（　　　　）drink

3 座るためのイス

a chair（　　　　）（　　　　）（　　　　）

4 住むための家

a house（　　　　）（　　　　）（　　　　）

5 遊ぶための友だち

friends（　　　　）（　　　　）（　　　　）

6 読むためのこの本

this book（　　　　）（　　　　）

7 私が読むためのこの本

this book（　　　　）（　　　　）（　　　　）（　　　　）

▶次の（　　　　　）に適当な単語を入れて日本語を英語に直してください。

8 私は住む家がほしい。

I（　　　　）a house（　　　　）（　　　　）（　　　　）.

9 私は何か飲むものがほしい。

I want（　　　　）（　　　　）（　　　　）.

▶意味の通る英文になるように（　　　　　）内の単語を並べ替えなさい。

10 私は何か冷たい飲み物がほしい。

（drink / want / I / something / to / cold）.

ワンポイントアドバイス

「冷たいあるもの」を表したいとき，coldをどこかに入れるとすれば，somethingは
something coldとなり，a thingはa cold thingとなります。

答え・・
1 to **2** cold to **3** to sit on **4** to live in **5** to play with **6** to read **7** for me to read **8** want, to
live in **9** something to drink **10** I want something cold to drink

目的や理由を表すときにto不定詞を使って表すことができます。

■ to不定詞を使って理由を表す

私はうれしい。　　　　　　〈理由〉私はあなたに会う。

I am happy.　　　　　　　I see you.

2つめのIをtoに変えて1つの文にします。

→　I am happy **to** see you. （私はあなたに会えているのでうれしい。）

■ to不定詞を使って目的を表す

それじゃ，私は京都に行きますよ。　〈目的〉私はあなたに会う。

Then I will go to Kyoto.　　　I see you.

2つめのIをtoに変えて1つの文にします。

→　Then I will go to Kyoto **to** see you.

（それじゃ，私はあなたに会うために京都へ行きますよ。）

■ 〈目的〉と〈理由〉を見分けよう

I am happy　<u>to see you</u>.

私はうれしい。　〈なぜ・理由〉あなたに会えているから

Then I will go to Kyoto　　<u>to see you</u>.

それじゃ，私は京都に行きますよ。〈何のために・目的〉あなたに会うために

発音 happy［ヘァピィ］　see［スィー］　then［ゼンヌ］

これだけは覚えよう！

日本語を英語にする場合は，2つの英文を作って2つめのIをtoにかえます。英文を日本語に訳す場合は，to不定詞のところでどんな疑問が生まれているかを考えて，その疑問に答えるように日本語に訳せばよいのです。

ヒント again（ふたたび）　meet（～にはじめて出会う）　hear（～を聞く）
buy（～を買う）　news（知らせ）　learn（～を学ぶ）　came（来た）

▶（　　　　　）に適当な単語を入れて次の日本語を英語にしてください。

🔊 29

① 私はあなたにまた会えてうれしい。

I am happy（　　　　）（　　　　）you again.

② 私ははじめてあなたにお会いできてうれしいですよ。

I am happy（　　　　）（　　　　）you.

③ 私はそれを聞いて残念ですよ。

I am sorry（　　　　）（　　　　）that.

④ 私はそのニュースを聞いて驚きました。

I was surprised（　　　　）（　　　　）the news.

⑤ それじゃ，私はこのカバンを買いに東京へ行きますよ。

Then I will go to Tokyo（　　　　）（　　　　）this bag.

⑥ 私は英語を学ぶためにここに来ました。

I came here（　　　　）（　　　　）English.

▶次の英語を日本語に訳してください。

⑦ I came here to see you.

私は＿＿＿＿＿＿＿＿＿＿＿＿＿＿＿＿＿＿＿ここに来ました。

⑧ I went there to see Saya.

私は＿＿＿＿＿＿＿＿＿＿＿＿＿＿＿＿＿＿＿そこへ行きました。

⑨ I am happy to know you.

私は＿＿＿＿＿＿＿＿＿＿＿＿＿＿＿＿＿＿＿うれしいですよ。

▶意味の通る英文になるように（　　　　　）内の単語を並べ替えなさい。

⑩ 私はその知らせを聞いて残念です。

(sorry / the / I / am / news / hear / to).

発音 sorry［ソーゥリィ］　surprised［サプゥラーィズッドゥッ］　here［ヒアァ］　there［ぜアァ］

ワンポイントアドバイス

はじめて会うときのあいさつはmeet，2回目からはseeを使ってください。

答え ･･

①to see ②to meet ③to hear ④to hear ⑤to buy ⑥to learn ⑦あなたに会うために ⑧さや（さん）
に会うために ⑨あなたとお知り合いになれて ⑩I am sorry to hear the news

067

30 原形不定詞の使い方

「見る」「聞く」「させる」のときは原形不定詞で表す。

▓▓▓ 原形の理由

主語になるものは，次にくる動詞にsをつけるか，つけないかを決める力があるので，主語によって動詞にsがつくときとつかないときがあります。

助動詞の次にくる動詞の場合には，助動詞にsをつけるか，つけないかを決める力がないので，sがない動詞の原形を置きます。

toの次にくる動詞の場合も，助動詞と同様です。

主語が1つの英文の中に2つあるときでも，1つめの主語にあたることばは主役ですが，2つめの主語にあたることばは，準主役なので，準主役は主役とちがって，助動詞やtoのときと同じようにsをつけるか，つけないかを決めるだけの力がないと考えて，動詞の原形を置くと覚えておいてください。

(主役)			(準主役)	
I	heard	Tony	sing.	（私はトニーが歌うのが聞こえた。）
I	saw	Tony	dance.	（私はトニーがおどるのが見えた。）
I'll	help	Tony	study.	（私はトニーが勉強するのを手伝うよ。）
I'll	make	Tony	study.	（私はトニーに無理やり勉強させるよ。）
I'll	let	Tony	study.	（私はトニーに勉強するのをゆるしてあげるよ。）

▓▓▓ 人＋ことがら

人の次にことがらがきているときは，〈何を〉という疑問が生まれているので，〈～すること〉を考えてto＋動詞の原形を置くと考えるとよいのです。

　　　　　　　　　　人＋ことがら
I'll	tell (言う)	Tony	to study.	（私はトニーに勉強するように言うよ。）
I'll	ask (頼む)	Tony	to study.	（私はトニーに勉強してくれるように頼むよ。）
I	want (望む)	Tony	to study.	（私はトニーに勉強してもらいたい。）

 「見る（see）」，「聞く（hear）」，「手伝う（help）」，「させる（let, make）」は，動詞＋人＋動詞の原形のパターンで英語にしましょう。

◀» 30

▶次の（　　　　）に適当な単語を入れてください。

1 私はあおいさんがおどるのを見たい。

I want to（　　　　）Aoi（　　　　）.

2 私はあおいさんが英語を話すのが聞こえた。

I（　　　　）Aoi（　　　　）English.

3 それでは，私はあなたが宿題をするのを手伝ってあげるよ。

Then I'll（　　　　）you（　　　　）your homework.

4 私は私の息子に無理やり勉強させた。

I（　　　　）my son（　　　　）.

5 私にあなたが宿題するのを手伝わせてよ。

（　　　　）me（　　　　）you（　　　　）your homework.

6 私にもう1度やらせてよ。

（　　　　）me（　　　　）again.

7 トニーに勉強するように言いなさいよ。

（　　　　）Tony（　　　　）study.

8 トニーにあなたの宿題をするのを手伝ってくれるように頼みなさいよ。

（　　　　）Tony（　　　　）（　　　　）you（　　　　）your
homework.

9 私はあなたに私といっしょにおどってもらいたい。

I（　　　　）you（　　　　）dance with me.

▶意味の通る英文になるように（　　　　）内の単語を並べ替えなさい。

10 あなたは私に窓を開けてもらいたいですか。

（open / the / window / do / you / want / to / me）?

ワンポイントアドバイス

Shall I ～?（私が～しましょうか。）＝ Do you want me to ～?

答え ‥‥
1 see, dance　**2** heard, speak　**3** help, do　**4** made, study　**5** Let, help, do　**6** Let, try　**7** Tell, to
8 Ask, to help, do　**9** want, to　**10** Do you want me to open the window

31 名詞の働きをする動名詞

動詞の前にtoを置いて名詞に変える方法がありましたが, 動詞にingをつけて名詞にする方法もあります。

■ 動名詞の基本

泳ぐ＝swim
泳ぐこと＝to swim ＝swimming

私は泳ぐことが好きです。

I like **to swim**. ＝ I like **swimming**. ＝ I am fond of **swimming**.

like ～のようにto swimとswimmingのどちらでもいいものもありますが, 前置詞の次にくるときは, 必ず動名詞（動詞のing形）にします。

Let's enjoy swimming. （泳ぐのを楽しみましょう。）
Let's stop swimming. （泳ぐのをやめましょう。）
Let's finish swimming. （泳ぐのを終えましょう。）
Let's give up drinking. （お酒を飲むのをやめましょう。）

動詞の次にing形がくるときは, すべて何かしていることを「楽しむ, やめる, 終わる」と考えることができます。

発音 am fond of［アム ファンダヴッ］ enjoy［エンヂョーィ］ stop［スタップッ］ finish［フィニッシッ］
give up［ギヴァップッ］

■ 〈to＋動詞の原形〉と〈動詞のing形〉のちがい

これから先のことを表すときは〈to＋動詞の原形〉を使い, すでにしていることを表すときは〈動詞のing 形〉を使います。

これだけは覚えよう！ 「今から泳ぎたいくらい好きです。」はI like to swim.
「よく泳いでいたので, 好きです。」はI like swimming.となります。

ヒント have a good time＝enjoy なので，同じ使い方をします。

▶次の（　　　　　）に適当な単語を入れてください。　🔊 31

私の趣味は泳ぐことです。

1 My hobby is （　　　　）.

私は泳ぐのが好きです。

2 I like （　　　　）（　　　　　）.

3 I like （　　　　）.

4 I am （　　　　）（　　　　）（　　　　）.

お酒を飲むのをやめましょう。

5 Let's （　　　　）（　　　　）.

6 Let's （　　　　）（　　　　）（　　　　）.

泳ぐのを終えましょう。

7 Let's （　　　　）（　　　　）.

泳ぐのを楽しみましょう。

8 Let's （　　　　）（　　　　）.

9 Let's have a good time （　　　　）.

▶意味の通る英文になるように（　　　　　　）内の単語を並べ替えなさい。

泳ぐことはかんたんです。

10 （easy / is / swimming）.

ワンポイントアドバイス

「私の趣味は泳ぐことです。」のようないい方は，以前から泳いでいて今も泳いでいるので，動詞の ing の形をとります。

答え ....

1 swimming **2** to swim **3** swimming **4** fond of swimming **5** stop drinking **6** give up drinking
7 finish swimming **8** enjoy swimming **9** swimming **10** Swimming is easy

32 びっくりしたときの気持ちを表す感嘆文

感嘆文とは，びっくりしたときに自分の気持ちを表すいい方で，肯定文の一種です。
つまり，肯定文で書きかえることができるということです。

■ 感嘆文のパターン

①何と小さいのだろう！

How <u>small</u>!
　　　形容詞

②何と小さい本なのだろう！

What a small <u>book</u>!
　　　　　　名詞

この①と②をまったく同じ意味の英文にしたいとき，あなたならどんな言葉をおぎないますか？　次のように考えれば同じ意味になります。

①何と小さいのだろう＋この本は

How small　　**this book is**!

②何と小さい本なのだろう　＋　これは！

What a small book　　**this is**!

最後にisがつけ加えてあるのは，感嘆文は肯定文で書きかえられるからです。

howとwhatはveryの意味で使われています。

つまり，How small this book is! は，This book is very small.

What a small book this is! は，This is a very small book. という肯定文に書きかえられます。

■ 読み方のポイント

①How small!（なんと小さいのだろう。）

②How small?（どれくらい小さいのですか。）

①と②はまったく同じ英語ですが，smallだけを強く読むと①の意味になり，Howとsmallの両方を強く読むと②の意味になります。

これだけは覚えよう！ 名詞があるときはwhat，形容詞または副詞（つけ加えの言葉）があるときはhowを使って感嘆文を作ることができます。

ヒント　fast（速く，速い）　slowly（ゆっくり）　slow（ゆっくりした）
runner（ランナー）　these（これら，これらの）　run（走る）

▶（　　　　　）に適当な単語を入れてください。　　　　　　🔊 32

1 何と小さいのだろう。

（　　　　）（　　　　　）！

2 何と小さい本なのだろう。

（　　　　）（　　　　）（　　　　）（　　　　）！

3 これは何と小さい本なのだろう。

（　　　　）（　　　　）（　　　　）（　　　　） this （　　　　）！

4 この本は何と小さいのだろう。

（　　　　）（　　　　） this book （　　　　）！

5 あなたは何と速く走るのだろう。

（　　　　）（　　　　） you run!

6 あなたは何と速いランナーなのだろう。

（　　　　）（　　　　）（　　　　）（　　　　） you （　　　　）！

7 あなたは何とゆっくり走るのだろう。

（　　　　）（　　　　） you run!

8 あなたは何とゆっくりしたランナーなのだろう。

（　　　　）（　　　　）（　　　　）（　　　　） you （　　　　）！

9 これらは何と小さい本なのだろう。

（　　　　）（　　　　）（　　　　） these （　　　　）！

▶意味の通る英文になるように（　　　　　）内の単語を並べ替えなさい。

10 これらの本は何と小さいのだろう。

（are / How / books / these / small）！

ワンポイントアドバイス

You run very fast. ＝ You are a very fast runner.
（あなたはとても速く走る。）（あなたはとても速いランナーです。）

答え
1 How small　**2** What a small book　**3** What a small book, is　**4** How small, is　**5** How fast
6 What a fast runner, are　**7** How slowly　**8** What a slow runner, are　**9** What small books, are
10 How small these books are

073

33 2人の人，または2つのものを比べる比較

形容詞にer，または副詞にerをつけると「〜の方がもっと〜」という意味になります。また，thanという単語を使って2人の人，または2つのものをある点で比較する構文を比較級といいます。

■■ erをつける比較級

形容詞	比較級
small（小さい） big（大きい）	smaller（〜の方が小さい） bigger（〜の方が大きい）
副詞	比較級
fast（速く）	faster（〜の方が速く）

これらの単語を使って次のような比較級の英文を作ることができます。

私はトニー君より小さいです。

私の方が小さいです＋よりも〈だれより？〉トニー君

I am small**er**　**than**　　　　Tony.

私はトニー君よりも速く走ります。

私の方が速く走ります＋よりも〈だれより？〉トニー君

I run fast**er**　**than**　　　　Tony.

発音 small［スモーオ］　big［ビッグッ］　fast［フェアスットゥッ］
　　smaller［スモーラァ］　bigger［ビガァ］
　　faster［フェアスッタァ］

 形容詞の単語の最後の文字の前に母音（ア，イ，ウ，エ，オの音）が1つしかないときは，最後の文字を重ねてerをつけます。
big →bigger
　ィ

074

ヒント young（若い） old（年上の） tall（背が高い） short（背が低い）

▶次の（　　　　）に適当な単語を入れてください。 ◀)) 33

1 この本はあの本よりも小さい。

This book is （　　　　）（　　　　） that one.

2 あの本はこの本よりも大きい。

That book is （　　　　）（　　　　） this one.

3 これはあれよりも大きい。

This is （　　　　）（　　　　） that.

4 私はあなたよりも速く走ります。

I run （　　　　）（　　　　） you.

5 私はあなたよりも背が高い。

I am （　　　　）（　　　　） you.

taller

6 あなたは私よりも背が低い。

You are （　　　　）（　　　　） I.

7 私はトニー君よりも年上です。

I am （　　　　）（　　　　） Tony.

8 トニー君は私よりも若い。

Tony is （　　　　）（　　　　） I.

▶次の（　　　　）に適当な単語を入れて2つの英文が同じ意味になるように してください。

私はあなたよりも年上です。

9 I am not （　　　　）（　　　　） you.

10 You are not （　　　　）（　　　　） I.

ワンポイントアドバイス

1つの英文の中に同じ名詞がある場合は，2つめの名詞のかわりにoneを使うことがよ くあります。

答え ·······

1 smaller than　**2** bigger than　**3** bigger than　**4** faster than　**5** taller than　**6** shorter than
7 older than　**8** younger than　**9** younger than　**10** older than

075

34 | 3つ以上のものの中で 1番を表す比較

形容詞または副詞にestをつけると「1番〜」という意味になります。

■ 最上級の文の作り方

最上級では，「1つしかない」という意味のtheを形容詞の最上級を表す単語の前につけます。

そしてそのうしろにofまたはinをつけて最上級の文を作ります。

the 〜 est ＋of（たくさんの中で）

the 〜 est ＋in（1つのかたまりの中で）

私はすべての少年たちの中で1番背が高い。

私は1番背が高い ＋ すべての少年たちの中で

I am the tallest   of all the boys.

私は私たちのクラスの中で1番背が高い。

私は1番背が高い ＋ 私たちのクラスの中で

I am the tallest   in our class.

発音 tallest［トーレスットゥッ］ class［クレァスッ］

これだけは 覚えよう！ たくさんの中ではof，1つのかたまりの中ではinを使います。
副詞の最上級ではtheをつけない人もいます。

ヒント big の最上級に注意しましょう。

▶次の（　　　）に適当な単語を入れて，日本文と同じ意味にしてください。

1 この本はすべての本の中で1番大きい。 🔊34

This book is （　　　）（　　　）（　　　） all the books.

2 私はこのクラスの中で1番背が高い。

I am （　　　）（　　　）（　　　） this class.

3 私はすべての男の子たちの中で1番背が高い。

I am （　　　）（　　　）（　　　） all the boys.

4 この花は日本で1番小さい。

This flower is （　　　）（　　　）（　　　） Japan.

5 この花はすべての花の中で1番小さい。

This flower is （　　　）（　　　）（　　　） all the flowers.

6 これは1番小さい花です。

This is （　　　）（　　　） flower.

7 これは私の部屋の中で1番小さい花です。

This is （　　　）（　　　） flower （　　　） my room.

8 このクラスの中でだれが1番背が高いですか。

Who is （　　　）（　　　）（　　　） this class?

9 このクラスの中でだれが1番速く走りますか。

Who runs （　　　）（　　　）（　　　） this class?

▶意味の通る英文になるように（　　　）内の単語を並べ替えなさい。

10 トニー君がこのクラスで1番速く泳ぎます。

（Tony / swims / in / class / the / fastest / this）.

ワンポイントアドバイス

Who runs fastest? のfastestは副詞なので，theをつけない人もいます。副詞かどうかの見分け方は，変化しているところをかくして，残りの英語で意味がわかれば，その単語は副詞です。

答え ・・

1 the biggest of　**2** the tallest in　**3** the tallest of　**4** the smallest in　**5** the smallest of
6 the smallest　**7** the smallest, in　**8** the tallest in　**9** the fastest in　**10** Tony swims the fastest in this class

077

35 | AとBがある点で「同じ」ということを表す比較

AとBがある点において同じであるということを表す方法があります。

■ A＝Bを表す方法

同じである「ある点」をasではさみます。

トニー君はケン君と同じぐらいの背の高さがあります。

　　Tony is tall. （トニー君は背が高い。）
　＋Ken is tall. （ケン君は背が高い。）
　→Tony is as tall as Ken（is）.

「ある点」は背の高さ

トニー君はケン君と同じぐらい速く走る。

　　Tony runs fast. （トニー君は速く走る。）
　＋Ken runs fast. （ケン君は速く走る。）
　→Tony runs as fast as Ken（does）.

「ある点」は走る速さ

■ ここが大切

asとasの間にくる単語が形容詞のときは, 文の最後にbe動詞, 副詞のときはdo, doesなどをおぎなう必要があります。be動詞やdo, doesなどは, 省略することもできます。

as 形容詞 as　→　be動詞
as 副詞 as　　→　do, does

発音 as tall as［アズットーラズッ］
　　as fast as［アズッフェアスッタズッ］

I am as big as you.

これだけは覚えよう！ I am not taller than Tony. と I am not as tall as Tony. は両方とも,「私はトニー君ほど背が高くない。」という意味になります。

ヒント I speak English well.（私はじょうずに英語を話す。）
I walk fast.（私は速く歩きます。）

▶次の（　　　　）に適当な単語を入れて，日本文と同じ意味にしてください。

🔊 35

1 私はケン君と同じぐらい背が高い。

I am（　　　）（　　　）（　　　）Ken is.

2 私はケン君と同じぐらい速く走ります。

I run（　　　）（　　　）（　　　）Ken does.

3 私はケン君と同じぐらいじょうずに英語を話します。

I speak English（　　　）（　　　）（　　　）Ken does.

4 ケン君は私と同じぐらいじょうずに英語を話します。

Ken speaks English（　　　）（　　　）（　　　）I（　　　）.

私はあなたほど背が高くない。

5 I am not（　　　）（　　　）（　　　）you are.

6 I am not（　　　）（　　　）you are.

7 I am（　　　）（　　　）you are.

8 You are（　　　）（　　　）I（　　　）.

私はあなたほど速く歩きません。

9 I don't walk（　　　）（　　　）you do.

10 I don't walk（　　　）（　　　）（　　　）you do.

発音 speak（s）［スピークッ（スッ）］　walk［ウォークッ］

┌─ **ワンポイントアドバイス** ─┐

as tall as Tony「トニー君と同じぐらい背が高い」を，「トニー君のように背が高い」
と覚えておくと，I'm not as tall as Tony. が「私はトニー君ほど背が高くない。」
となる理由がわかります。

答え ···

1 as tall as　**2** as fast as　**3** as well as　**4** as well as, do　**5** as tall as　**6** taller than　**7** shorter than
8 taller than, am　**9** faster than　**10** as fast as

36 | more, mostを使う比較

more や most を使う比較

比較級や最上級では，普通はerやestをつけて単語を変化させるのですが，長い単語の場合はいいにくいので，erのかわりにmore[モアァ]，estのかわりにmost[モーゥストゥ]を使います。

意味	原級	比較級	最上級
美しい	beautiful	more beautiful	the most beautiful
むずかしい	difficult	more difficult	the most difficult

その他のmoreやmostを使う形容詞と副詞

interesting（おもしろい） famous（有名な） careful（注意深い）
popular（人気のある） wonderful（すばらしい） convenient（便利な）
useful（役に立つ） slowly（ゆっくり）

発音 beautiful[ビューティフォー] more beautiful[モアァ ビューティフォー]
the most beautiful[ざ モーゥストゥッ ビューティフォー] difficult[ディフィカオトゥッ]
more difficult[モアァ ディフィカオトゥッ] the most difficult[ざ モーゥストゥ ディフィカオトゥッ]
interesting[インタゥレスティン・] famous[フェーィマスッ] careful[ケアァフォー]
popular[パピュラァ] wonderful[ワンダフォー] convenient[カンヴィーニぃェントゥッ]
useful[ユースフォー] slowly[スローゥリィ]

I move more slowly than you.

これだけは覚えよう！ moreやmostを使う長いと単語とは，簡単にいうと母音（ア，イ，ウ，エ，オ）の数が2つ以上ある単語と，lyで終わる副詞のことをさします。

ヒント problem（問題）　car（車）　you must ～（あなたは～しなければならない）

▶次の（　　　）に適当な単語を入れて，日本文と同じ意味にしてください。

🔊 36

1 この花はあの花よりも美しい。
This flower is (　　　　) (　　　　) than that one.

2 この問題はすべての問題の中で1番むずかしい。
This problem is (　　　) (　　　) (　　　)
of all the problems.

3 これは1番むずかしい問題です。
This is (　　　) (　　　) (　　　) (　　　).

4 この本はあの本よりもおもしろい。
This book is (　　　) (　　　) than that one.

5 トニー君は私よりも有名です。
Tony is (　　　) (　　　) than I am.

6 トニー君は私たちのクラスの中で1番人気があります。
Tony is (　　　) (　　　) (　　　) in our class.

7 あなたはもっと気をつけなければならない。
You must be (　　　) (　　　).

8 これは1番すばらしい車です。
This is (　　　) (　　　) (　　　) car.

9 あなたはもっとゆっくり走らなければならないよ。
You must run (　　　) (　　　).

▶意味の通る英文になるように（　　　　）内の単語を並べ替えなさい。

10 私は私たちのクラスの中で1番ゆっくり走ります。
(the / class / slowly / in / most / I / run / our).

ワンポイントアドバイス
difficultの場合は，母音（ア，イ，ウ，エ，オ）が3つあるので，長い単語と考えて
moreやthe mostを使います。

答え ....
1 more beautiful　**2** the most difficult　**3** the most difficult problem　**4** more interesting
5 more famous　**6** the most popular　**7** more careful　**8** the most wonderful　**9** more slowly
10 I run the most slowly in our class

081

37 | better, bestを使う比較

better, bestを使う単語

better, bestを使う単語には次のようなものがあります。

この表をまず丸暗記してください。

意味	原級	比較級	最上級	as ～ as
とても	very much	better	(the) best	as much as
じょうずに	well	better	(the) best	as well as
よく	well	better	(the) best	as well as

次にパターンを覚えてください。

> **Which do you like better, ● or ▲?**
>
> (●と▲とでは, あなたはどちらが好きですか。)
>
> **I like ● better.**
>
> (私は●の方が好きです。)

注意していただきたいのは, 英語で「●と▲とでは, あなたはどちらが好きですか。」と聞かれて, 「●です。」と答えるとき, 「● is.」といういい方はしません。

「I like ● better.」と答えます。

> **これだけは覚えよう!** wellとvery much はbetter, bestになります。
> ただし, bestの前にtheをつける人もかなりいます。

▶次の（　　　　）に適当な単語を入れて，日本文と同じ意味にしてください。

🔊 37

1 私は英語がとても好きです。

I like English （　　　）（　　　）.

2 私は英語の方が好きです。

I like English （　　　）.

3 私は音楽よりも英語の方が好きです。

I like English （　　　）（　　　） music.

4 私はすべての教科の中で1番英語が好きです。

I like English （　　　）（　　　）（　　　） all the subjects.

5 私は音楽と同じぐらい英語が好きです。

I like English （　　　）（　　　）（　　　） music.

6 私はトニー君をよく知っています。

I know Tony （　　　）.

7 私はトニー君の方をよく知っています。

I know Tony （　　　）.

8 私はケン君よりもトニー君の方をよく知っています。

I know Tony（　　　）（　　　） Ken.

9 私は私たちのクラスの中でトニー君を1番よく知っています。

I know Tony （　　　）（　　　）（　　　） our class.

▶意味の通る英文になるように（　　　　）内の単語を並べ替えなさい。

10 私はケン君と同じぐらいトニー君をよく知っています。

（well / I / know / Tony / Ken / as / as）.

ワンポイントアドバイス

「AとBとどちらが好きですか。」の「どちらが」のところが「人」でも「もの」でもwhichを使うことができますが，人の場合は，whichのかわりにwhoを使うことが多いようです。

答え ……………………………………………………………………………………………

1 very much　**2** better　**3** better than　**4** the best of　**5** as much as　**6** well　**7** better

8 better than　**9** the best in　**10** I know Tony as well as Ken

38 「〜している」を表す進行形

「〜している」を表す文法用語に進行形があります。

■ 動詞にingをつけると「〜している」を表す形容詞になる

英語では, 主語＋動詞がまずきます。

ところが, 動詞にingをつけると形容詞になるために, 英文の中から動詞がなくなります。

そのようなときに動詞の代わりにbe動詞＋形容詞にすると文法上正しい英語になります。

進行形の場合は, 動詞のing形を使うので, be動詞＋動詞のing形で「〜している」を表します。ただし, 形容詞のはたらきをする「〜している」はいつのことかを表す力がないので, 今のことを表したいときは, is, am, are, 過去のことを表したいときは, was, wereを使って表す必要があるのです。

このことから, 今のことを表すis, am, are ＋動詞のing形を現在進行形, 過去のことを表すwas, were＋動詞のing形を過去進行形と呼ぶのです。

（例）
（1）私は今勉強しています。　　I am studying now.
（2）私はそのとき勉強していました。　I was studying then.

 〔動詞のingをつけるときの例外〕
（1）走る　run［ウランヌ］　泳ぐ　swim［スウィムッ］のように最後の文字の前に母音〔ア, イ, ウ, エ, オ〕のうちのどれか1つの音があるとき最後の文字を重ねてingをつけます。

　　（例）走っている　running［ウラニン・］　swimming［スウィミン・］

（2）最後の文字が発音しないeがきているときは, eを消してingをつけます。

　　〜を作る　make［メーィクッ］　making［メーィキン・］
　　〜を書く　write ［ウラーィトゥッ］　writing［ウラーィティン・］

ヒント

| そのとき　then［ゼンヌ］　〜するとき，〜したとき　when［ウェンヌ］
歩く　walk［ウォークッ］　はたらく　work［ワ〜クッ］

▶次の（　　　　）に適当な単語を入れてください。

🔊 38

1 あの少年は走っています。

That boy（　　　　）（　　　　）.

2 私は歩いています。

I（　　　　）（　　　　）.

3 あの少年はそのとき走っていました。

That boy（　　　　）（　　　　）then.

4 私はそのとき歩いていました。

I（　　　　）（　　　　）then.

5 あなたは何をしていますか。

What（　　　　）you（　　　　）?

6 私は勉強しています。

I am（　　　　）.

7 あなたのお父さんは何をしていますか。

What（　　　　）your father（　　　　）?

8 彼は仕事をしています。

He（　　　　）（　　　　）.

9 私は帰宅したとき，私の父はテレビを見ていました。

When I came home, my father（　　　　）（　　　　）TV.

▶意味の通る英文になるように（　　　　）内の単語を並べ替えなさい。

10 私とあなたはそのとき，テレビを見ていました。

（and / you / I / watching / were / then / TV）.

ワンポイントアドバイス

私とあなたとなっていても，あなたと私となっていても，いつもYou and Iとしなければならないのです。

答え ......

1 is running　**2** am walking　**3** was running　**4** was walking　**5** are, doing　**6** studying
7 is, doing　**8** is working　**9** was watching　**10** You and I were watching TV then

085

39 過去の経験を表す現在完了形

■ 現在完了形とは

英語には現在完了形という文法があります。

ここでは過去の経験を，現在完了形を使って表す方法について説明します。

過去に経験したことがあり，今も心の中でもちつづけているということを〈have＋過去分詞形〉で表すことができます。

私は東京に住んでいたことがあります。

私にはあります	〈何が〉	住んでいた	〈どこに〉	東京に
I have		**lived**		in Tokyo.
		過去分詞形		

私は1頭のクマを見たことがあります。

私にはあります	〈何が〉	見たこと	〈何を〉	1頭のクマ
I have		**seen**		a bear.
		過去分詞形		

She has never seen a bear.

疑問文・否定文は次のようになります。

〈疑問文〉あなたは今までに東京に住んだことがありますか。

Have you <u>ever</u> lived in Tokyo?

〈否定文〉私は東京へ行ったことは1回もありません。

I have <u>never</u> been to Tokyo.

発音 seen［スィーンヌ］　ever［エヴァ］今までに
　　　never［ネヴァ］　bear［ベアァ］　have been to［ハヴッビン チュ］～に行ったことがある

これだけは覚えよう！ Have you ever been to Tokyo?
（あなたは今までに東京へ行ったことがありますか。）

086

ヒント read（「読む」の過去分詞形）　once（1度，1回）　twice（2度，2回）
three times（3度，3回）　many times（何度も，何回も）

▶次の（　　　　）に適当な単語を入れて，日本文と同じ意味にしてください。

🔊 39

1 私は1回東京に住んでいたことがあります。

I (　　　　) lived in Tokyo (　　　　).

2 あなたは今までに東京へ行ったことはありますか。

(　　　　) you (　　　　) (　　　　) (　　　　) Tokyo?

3 私は今までに1回も東京へ行ったことはありません。

I have (　　　　) (　　　　) (　　　　) Tokyo.

4 私は英語を勉強したことがあります。

I (　　　　) studied English.

5 あなたは今までにこの本を読んだことがありますか。

(　　　　) you (　　　　) (　　　　) this book?

6 私は今までに1回もこの本を読んだことはありません。

I (　　　　) (　　　　) (　　　　) this book.

7 私は今までに1度もクマを見たことがありません。

I (　　　　) (　　　　) (　　　　) a bear.

8 私は2回この本を読んだことがあります。

I (　　　　) (　　　　) this book (　　　　).

9 私は東京を3回訪れたことがあります。

I have visited Tokyo (　　　　) (　　　　).

▶意味の通る英文になるように（　　　　）内の単語を並べ替えなさい。

10 私は何回も東京を訪れたことがあります。

(many / I / Tokyo / times / have / visited).

ワンポイントアドバイス

3回以上を表すときは，<u>数字＋times</u> で表します。
ただし，onceをone time，twiceをtwo timesということもできます。

答え ··

❶have, once　❷Have, ever been to　❸never been to　❹have　❺Have, ever read
❻have never read　❼have never seen　❽have read, twice　❾three times　❿I have visited
Tokyo many times

40 | 過去から現在まで続いていることを表す現在完了形

現在完了形の文の作り方

次のように考えると，成り立ちがよくわかります。

継続を表す現在完了形でも〈have＋過去分詞形〉のパターンを使います。

>   I am in Tamba-Sasayama now.
>
> ＋I was in Sasayama yesterday.
>
> →I **am** **was** in Tamba-Sasayama **now** yesterday.
>   ↓   ↓
>
> I **have been** in Sasayama **since** yesterday.
>
> （私はきのうから今まで丹波篠山にいます。）

「私は篠山にいた状態をきのうから今まで継続してもっています。」と考えるとわかりやすいと思います。

since［スィンス］は now が変化したと考えられるので，「〜から今まで」という意味になります。

I have been in Tamba-Sasayama **for two weeks**.

      2週間

（私は2週間丹波篠山にいます。）

発音 for two weeks［フォーチューウィークッスッ］

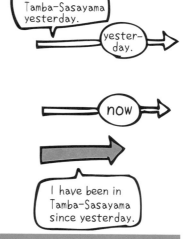

継続を表す現在完了形では，「〜から」を表す since と「〜の間」を表す for がいっしょに使われることが多いのです。
ただし，「3日前から」を表したいときは「3日間」と考えて for three days としてください。

ヒント　how long（いつから）　many years（長年）
a long time（長い間）

▶次の（　　　　　）に適当な単語を入れて，日本文と同じ意味にしてください。

1 私は今いそがしい。　　　　　　　　　　　　　🔊 40

　I（　　　　　）busy now.

2 私はきのういそがしかった。

　I（　　　　　）busy yesterday.

3 私はきのうからいそがしい。

　I（　　　　）（　　　　　）busy（　　　　　）yesterday.

4 私は3日間いそがしくしています。

　I（　　　　）（　　　　　）busy（　　　　）three days.

5 あなたはきのうからいそがしくしているのですか。

　（　　　　）you（　　　　）busy（　　　　）yesterday?

6 あなたはいつからいそがしくしているのですか。

　（　　　）（　　　　）（　　　　）you（　　　　）busy?

7 私はきのうから大阪にはいません。

　I（　　　　）not（　　　　）（　　　　）Osaka（　　　　）
yesterday.

8 私は去年から大阪に住んでいます。

　I（　　　　）（　　　　　）in Osaka（　　　　）last year.

9 私は長年大阪に住んでいます。

　I（　　　　）lived in Osaka（　　　　）（　　　　）（　　　　）.

▶意味の通る英文になるように（　　　　　）内の単語を並べ替えなさい。

10 私は長い間大阪に住んでいます。

　（Osaka / have / in / I / a / long / lived / time / for）.

ワンポイントアドバイス
現在完了形では，「長年」，「長い間」のような言葉がきたときも，〈for ＋長年〉，
〈for ＋長い間〉のようにするのが普通です。

答え
1 am　**2** was　**3** have been, since　**4** have been, for　**5** Have, been, since
6 How long have, been　**7** have, been in, since　**8** have lived, since　**9** have, for many years
10 I have lived in Osaka for a long time

089

41 動作が完了したかどうか を表す現在完了形

現在完了形の決まり文句

完了を表す現在完了形の表現は決まり文句が多いので，丸暗記しましょう。

これだけで完璧 〈現在完了形〉

①Have you read this book yet?

（あなたはもうこの本を読みましたか。）

②I have not read this book yet.

（私はまだこの本を読んでいません。）

③I have just read this book.

（私はちょうどこの本を読んだところです。）

④I have already read this book.

（私はもうすでにこの本を読みました。）

〈疑問文のyet〉

〈否定文のyet〉

〈肯定文のjust〉

〈肯定文のalready〉

覚えておこう

①疑問文でyetを使うと　→　もう

②否定文でyetを使うと　→　まだ～していません

③肯定文でjustを使うと　→　ちょうどしたところ

④肯定文でalready を使うと　→　もうすでに

発音 read［ウレッドゥッ］ yet［いエッ・］　just［ヂアスットゥッ］　already［オーオウレディ］

これだけは
覚えよう！

①I have just read this book.
　　　　　　　［ウレッドゥ］

②I have just finished reading this book.
　　　　　　　［フィニッシトゥ］［ウリーディン・］

（私はちょうどこの本を読み終えたところです。）

ヒント finishedは（終える）の過去分詞形です。
finishの次はかならず動詞のing 形をとります。

▶次の（　　　　　）に適当な単語を入れて，日本文と同じ意味にしてください。

1 あなたはもうこの本を読みましたか。　　　　　　　🔊 41

（　　　　　）you read this book（　　　　　）?

2 私はまだこの本を読んでいません。

I（　　　　）（　　　　）（　　　　　）this book（　　　　）.

3 私はちょうどこの本を読んだところです。

I（　　　　）（　　　　）（　　　　　）this book.

4 私はもうすでにこの本を読みました。

I（　　　　）（　　　　）（　　　　　）this book.

5 私はもうすでにこの本を読み終えました。

I（　　　　）（　　　　）（　　　　）（　　　　　）this book.

6 あなたはもうあなたの宿題をしましたか。

（　　　　　）you（　　　　　）your homework（　　　　）?

7 私はまだ私の宿題をしていません。

I（　　　　）（　　　　）（　　　　　）my homework（　　　　　）.

8 私はもうすでに私の宿題をしました。

I（　　　　　）（　　　　）（　　　　）my homework.

9 私はちょうど私の宿題をしたところです。

I（　　　　）（　　　　　）（　　　　　）my homework.

▶意味の通る英文になるように（　　　　　）内の単語を並べ替えなさい。

10 私はちょうど私の宿題をやり終えたところです。

(have / doing / I / homework / just / my / finished).

ワンポイントアドバイス

「宿題をする」はdo my homeworkのようにhomeworkの前にmyのような単語
を置くのが普通です。

答え ··
1 Have, yet　**2** have not read, yet　**3** have just read　**4** have already read
5 have already finished reading　**6** Have, done, yet　**7** have not done, yet　**8** have already done
9 have just done　**10** I have just finished doing my homework

091

42 結果を表す現在完了形

■■■ 現在完了形のびみょうな意味のちがい

結果を表す現在完了形は，完了したものがその結果として，そのままの状態で残っている
ことを表しています。

さやさんは先生になった。
この日本文を英文にしたいときは，次の2種類が考えられます。

①Saya <u>became</u> a teacher.
②Saya <u>has become</u> a teacher.

この2つの英文には少し意味のちがいがあります。

①さやさんは先生になった。ただし，今のことはわかりません。
②さやさんは先生になった。そして，今も先生をしています。

■■■ ちがいを考えてみよう

私は私の時計をなくしました。

①I lost my watch.
②I have lost my watch.

意味は次のようになります。

①私は私の時計をなくしました。(今のことについては，ふれていません。)
②私は私の時計をなくし，今もそのままです。

 become［ビカムッ］～になる　became［ビケーィムッ］～になった
become［ビカムッ］　過去分詞形

092

ヒント went to（～へ行った）　gone（go「行く」の過去分詞形）
arrived at（～に着いた）

▶次の（　　　　　）に適当な単語を入れて，日本文と同じ意味にしてください。

🔊 42

さやさんは先生になった。

❶ Saya（　　　　　）a teacher.〔今のことはわからない〕

❷ Saya（　　　　　）（　　　　　）a teacher.〔今も先生をしている〕

私は私の時計をなくした。

❸ I（　　　　）my watch.〔今のことについてはふれていません〕

❹ I（　　　　）（　　　　　）my watch.〔今もない〕

私は最近新車を買いました。

❺ I recently（　　　　　）a new car.〔今のことについてはふれていません〕

❻ I（　　　　）recently（　　　　　）a new car.〔だから今ももっています〕

トニー君はアメリカへ行きました。

❼ Tony（　　　　　）to America.〔今のことはわからない〕

❽ Tony（　　　　）（　　　　　）to America.〔だからここにはいません〕

彼らは大阪駅に着いた。

❾ They（　　　　）（　　　　　）Osaka Station.〔今のことはわからない〕

❿ They（　　　　）（　　　　　）（　　　　　）Osaka Station.
　　　〔そして今大阪駅にいる〕

ワンポイントアドバイス
I have gone to Tokyo. と相手に話しているときは，I have been to Tokyo.
「私は東京に行ったことがある。」という意味になります。

答え ....
❶became　❷has become　❸lost　❹have lost　❺bought　❻have, bought　❼went　❽has gone
❾arrived at　❿have arrived at

43 | 過去から現在まで状態が続いていることを表す 現在完了進行形

動作動詞にingをつけて，過去から現在まで状態が続いていることを表す現在完了進行形

現在完了進行形の基本

動詞には，動作を表す動詞と状態を表す動詞があります。

現在完了形では，have〔has〕＋状態を表す動詞の過去分詞形で表しますが，現在完了進行形では，have〔has〕been ～ ingで，過去から今までずっと続けていることを表します。

私は6年間英語を勉強しています。

I have studied English for six years.

英語の勉強を休むことがあっても，6年間くり返し英語の勉強を続けているということを表しています。

私は6年間英語を勉強しています。

I have been studying English for six years.

この英文の場合には，6年間ずっと英語の勉強をし続けていることがわかります。

動作動詞にingをつけることで，状態が過去から現在まで続いていることを表したいときにhave〔has〕been ～ ingのパターンを使って現在完了進行形を表すことができます。

▶次の（　　　　　）に適当な単語を入れてください。　🔊 43

① 私は直美さんを6年前から知っています。〔6年間〕

I (　　　　) (　　　　　　) Naomi for six years.

② 私は丹波篠山に去年から住んでいます。

I (　　　　) (　　　) (　　　　　　) Tamba-Sasayama (　　　　)
last year.

③ 雨がきのうからずっと降っています。

It (　　　　) (　　　　) (　　　　) (　　　　　) yesterday.

④ 雨が2時間ずっと降っています。

It (　　　　) (　　　　) (　　　　) (　　　　) two hours.

⑤ 私は6年間英語を勉強しています。〔休むこともあるが〕

I (　　　　) (　　　　　) English (　　　　) six years.

⑥ 私はきのうからずっと勉強しています。

I (　　　　) (　　　　) (　　　　) (　　　　　) yesterday.

⑦ 私は2時間ピアノをひいています。

I (　　　) (　　　　) (　　　　　) the piano (　　　　) two hours.

⑧ 雪が今朝からずっと降り続いています。

It (　　　　) (　　　　) (　　　　) (　　　　) this morning.

⑨ 私は今朝からずっといそがしい。

I (　　　　) (　　　　　) busy (　　　　) this morning.

▶意味の通る英文になるように（　　　　　）内の単語を並べ替えなさい。

⑩ あなたはどれぐらい私をお待ちになりましたか。

(how / me / you / long / waiting / been / for / have)?

ワンポイントアドバイス

I have studied English for six years. は, 継続だけではなく, 経験, 完了の意味にとられる可能性があります。

答え ···

❶have known　❷have lived in, since　❸has been raining since　❹has been raining for
❺have studied, for　❻have been studying since　❼have been playing, for
❽has been snowing since　❾have been, since　❿How long have you been waiting for me

関係代名詞の役割

関係代名詞は，「どんな人か」，「どんなものか」をくわしく説明するときに便利な文法です。使い方を説明します。

①あの少年はあそこで走っています。〈文〉

That boy is running over there.

「あの少年は」の次にwhoを入れると，that boy who is running over thereとなり，日本語に訳すと，どんな少年かを表す1つの〈かたまり〉になります。

　あそこで走っているあの少年〈かたまり〉

②あのイヌはあそこで走っています。

That dog is running over there.〈文〉

「あのイヌ」の次にwhichを入れると，that dog which is running over thereとなり，日本語に訳すと，どんなイヌかを表す1つの〈かたまり〉になります。

　あそこで走っているあのイヌ〈かたまり〉

このようなかたまりを利用することで，次のような長い英文を作ることができます。

That dog which is running over there is Pochi.
　　　　　　　　　〈かたまり〉

あそこで走っているあのイヌはポチです。
　　　　〈かたまり〉

発音 running［ウラニン・］over there［オーゥヴァ　ゼァァ］

That boyという主語の次にwho（だれが），That dogという主語の次にwhich（何が）という単語を入れると，どんな少年か，どんなイヌかを表す1つのかたまりになります。whoやwhichのかわりにthatを入れても同じ意味になります。

ヒント　speaking（話している）　sleeping（寝ている）
over there（あそこで）　here（ここで）

▶次の（　　　　　）に適当な単語を入れて，日本文と同じ意味にしてください。

◀）) 44

英語を話しているあの少年

1 that boy （　　　　　） is speaking English

2 that boy （　　　　　） is speaking English

あそこで走っているあの少年

3 that boy （　　　　　） is running over there

4 that boy （　　　　　） is running over there

英語を話すことができるあの少年

5 that boy （　　　　　） can speak English

6 that boy （　　　　　） can speak English

あそこで走っているあのイヌ

7 that dog （　　　　　） is running over there

8 that dog （　　　　　） is running over there

ここで寝ているこのイヌ

9 this dog （　　　　　） is sleeping here

10 this dog （　　　　　） is sleeping here

ワンポイントアドバイス

that dog〔which, that〕is running over thereのwhich isまたはthat isを省略しても同じ意味を表すことができます。英文の中にisがないと文ではないのでかたまりとしての働きをするからです。

答え

1 who **2** that **3** who **4** that **5** who **6** that **7** which **8** that **9** which **10** that
※whoとthatまたはwhichとthatの順番は変わっても正解です。

45 所有を表す関係代名詞

日本文の中に〈所有を表す言葉〉が入っているとき，2つの関係代名詞who has と whoseを使って英文にすることができます。

■■■■ whoseの使いかた

That boy's hair is black.〈文〉

（あの少年の髪は黒いです。）

that boy whose hair is black〈かたまり〉

（黒い髪のあの少年）

's（～の）のかわりにwhoseを入れて，文をかたまりに変えることができます。

■■■■ whoの使い方

That boy has black hair.

（あの少年は黒い髪をしています。）〈文〉

that boy who has black hair〈かたまり〉

（黒い髪をしているあの少年）

もとの英文にhasが入っているときは，主語の次にwhoを入れることで文をかたまりに変えることができます。

 「～の」と「～している」という言葉が入っているときは主語の次にwhose またはwho has を入れると所有を表すかたまりを作ることができます。

文であるということがわかると, 's（〜の）を使い, かたまりならば
whoseを使うと, 日本語を英語に直せます。

▶次の（　　　）に適当な単語を入れて, 日本文と同じ意味にしてください。

1 あの少年は黒い髪をしています。

🔊 45

That boy （　　　　　） black hair.

2 黒い髪をしているあの少年

that boy （　　　　） （　　　　） black hair

3 あの少年の髪は黒いです。

That （　　　　） hair is black.

4 黒い髪のあの少年

that boy （　　　　） hair is black

5 あの少年は大きい目をしています。

That boy （　　　　） big eyes.

6 大きい目をしているあの少年

that boy （　　　） （　　　） big eyes

7 あの少年は大きい目をしています。

That （　　　　） eyes （　　　　） big.

8 大きい目をしているあの少年

that boy （　　　　） eyes （　　　　） big

9 あの少年のお父さんは先生です。

That （　　　　） father is a teacher.

10 お父さんが先生のあの少年

that boy （　　　　） father is a teacher

ワンポイントアドバイス

that boy <u>whose</u> name is Tony
whoseの入っている英語は, 時と場合によって, 適当な日本語をおぎなって訳すとよい
でしょう。この場合は, 「<u>トニーという名前のあの少年</u>」と訳します。

答え ··

1 has **2** who has **3** boy's **4** whose **5** has **6** who has **7** boy's, are **8** whose, are **9** boy's
10 whose

46 | 省略することができる関係代名詞

省略できる関係代名詞whom, that

関係代名詞の中には省略できるものがあります。まずは次の文を関係代名詞を使った〈かたまり〉に書きかえます。

私はあの少年を知っています。

I know that boy.〈文〉 （私が知っている）あの少年

that boy I know〈かたまり〉

（私は知っています）

 だれを？

「私は知っています」に対してどんな疑問が生まれるかを考えます。→〈だれを？〉
このようなときはwhom（だれを）という関係代名詞をthat boyの次に入れます。この
whomのかわりにthatを入れることもできます。

that boy **whom** I know   that boy **that** I know〈かたまり〉

 最近は「だれを」という意味でwhoを使う人が
増えてきていますが、文法的には正しく
ありません。

省略できる関係代名詞which, that

私はこの本をもっています。

I have this book.〈文〉 （私がもっている）この本

this book I have〈かたまり〉

（私がもっている）

 何を？

「私がもっている」に対してどんな疑問が生まれるかを考えます。→〈何を？〉
このようなときに，which（何を）という関係代名詞をthis bookの次に入れます。
which のかわりにthatを入れることもできます。

this book which（またはthat）I have〈かたまり〉

 これだけは
覚えよう！ 関係代名詞が入っていなくても，かたまりになっていれば，whom，
which, that を省略することができます。

100

ヒント　bought（〜を買った）　want（〜がほしい）

▶次の（　　　　　）に適当な単語を入れて，日本文と同じ意味にしてください。

🔊 46

私はあの少年を知っています。

1 I （　　　　） that boy.

私が知っているあの少年

2 that boy （　　　　）（　　　　）

3 that boy （　　　　）（　　　　）（　　　　） 〔w からはじまる単語〕

4 that boy （　　　　）（　　　　）（　　　　）

5 that boy （　　　　）（　　　　）（　　　　） 〔文法的には正しくない〕

私はきのうこの本を買った。

6 I （　　　　） this book yesterday.

私がきのう買ったこの本

7 this book （　　　　）（　　　　）（　　　　） yesterday
　　〔wからはじまる単語〕

8 this book （　　　　）（　　　　）（　　　　） yesterday

これが私がほしいその本です。

9 This （　　　　） the book （　　　　）（　　　　）（　　　　）.
　　〔wからはじまる単語〕

10 This （　　　　） the book （　　　　）（　　　　）（　　　　）.

発音 yesterday［ˈイェスタデーィ］

ワンポイントアドバイス

（あなたが好きな）この本はおもしろい。
下線部をA とおいて，英語に直します。　A is interesting.
This book 〔which, that〕 you like is interesting.
　　　　　　　　　A

答え ………
1 know　**2** I know　**3** whom I know　**4** that I know　**5** who I know　**6** bought　**7** which I bought
8 that I bought　**9** is, which I want　**10** is, that I want

付加疑問文とは

普通の疑問文は, 「〜ですか」という文になりますが, 付加疑問文は「〜ですね」といういい方をしたいときに使います。

次の公式を覚えましょう。

> 付加疑問文＝〈否定疑問文〉

この公式を使って英語に直すことができます。

あなたは泳げますよね。

You can swim, can't you?
　　　　　　　　〈否定疑問文〉

あなたは泳げませんよね。

You can't swim, can you?
　　〈否定文〉　　　　〈疑問文〉

あなたは泳ぎますよね。

You swim, don't you?
　　　　　　　〈否定疑問文〉

あなたは泳ぎませんよね。

You don't swim, do you?
　　〈否定文〉　　　　〈疑問文〉

「,（コンマ）」の前が否定文ではないときは, 「,」のうしろは〈否定疑問文〉がきます。
もし「,」の前が〈否定文〉のときは, 「,」のうしろは〈疑問文〉になります。

これだけは覚えよう！

That boy is kind, isn't he?のように「,」のうしろにはかならず代名詞がきます。
例外的に, Let's run, shall we?「いっしょに走りましょうか。」のようなものもあります。

▶次の（　　　　　）に適当な単語を入れてください。　　🔊 47

1 That boy is tall, (　　　　) (　　　　)?

2 Those boys are tall, (　　　　) (　　　　)?

3 That book is pretty, (　　　　) (　　　　)?

4 Those books are pretty, (　　　　) (　　　　)?

5 Your father swims well, (　　　　) (　　　　)?

6 You and I are friends (　　　　) (　　　　)?

7 You went to Tokyo yesterday, (　　　　) (　　　　)?

8 You have never been to Tokyo, (　　　　) (　　　　)?

9 You didn't study yesterday, (　　　　) (　　　　)?

▶意味の通る英文になるように（　　　　　）内の単語を並べ替えなさい。

10 走りましょうか。

(we / , / let's / shall / run)?

日本語訳

1 あの少年は背が高いですね。

2 あれらの少年たちは背が高いですね。

3 あの本はかわいいですね。

4 あれらの本はかわいいですね。

5 あなたのお父さんはじょうずに泳ぎますね。

6 あなたと私は友だちですね。

7 あなたはきのう東京へ行きましたね。

8 あなたは1回も東京へ行ったことはありませんよね。

9 あなたはきのう勉強しなかったですよね。

You didn't study yesterday, did you?

ワンポイントアドバイス

Shall we run? (走りましょうか。) とLet's run. (走りましょう。) を1つにした形がLet's run, shall we?です。

答え ···

1 isn't he　**2** aren't they　**3** isn't it　**4** aren't they　**5** doesn't he　**6** aren't we　**7** didn't you
8 have you　**9** did you　**10** Let's run, shall we

103

48 | 条件を表すifと仮定法のif

「もし〜ならば」という条件を表す場合は，動詞の現在形を使う。
「もし〜したならば」という仮定を表す場合は，動詞の過去形を使う。

▨▨▨ 条件のif

もしあす雨が降れば，私は家にいます。

If it **rains** tomorrow, I **will** stay home.

条件がそろって，もし雨が降れば，という意味なので，条件を表すifを使います。特に，注意が必要なのは，If it will rain 〜にしないで，If it rains 〜にしなければならないということです。この理由は日本語で考えればわかります。「もしあす雨が降れば」となっているので，If it rainsでよいのです。
「私は家にいます」は「家にいるつもりです」という意味なのでI will stay home.になります。

▨▨▨ 仮定法のif

もし，私が鳥だったら，空を飛べるのになあ。

If I **were** a bird, I **could** fly in the sky.

鳥になれるはずがないので，条件がそろうことはないので，動詞の過去形を使います。
be動詞の場合は，wereを使います。
ただし，アメリカ人はふつうはI wasのようにいいます。「,（コンマ）」の右の文では，「たぶん〜できるだろうなあ（could）」，「たぶん〜するだろうなあ（would）」のどちらかを使って英語にします。

仮定法では，ただの過去形と仮定法を区別するためにwasではなく，were
を使っています。
条件を表すifといっしょに使う動詞は，未来のことでも現在形を使います。

▶次の（　　　　）に適当な単語を入れてください。

🔊 48

1 もし私が熱心に勉強すると，私はそのテストに受かるでしょう。

〔ふだんから勉強する習慣がある場合〕

If I (　　　　) hard, I (　　　　) pass the test.

2 もし私が熱心に勉強したら，私はそのテストに受かるだろう。

〔ふだんから勉強をまったくしない場合〕

If I (　　　　) hard, I (　　　　) pass the test.

3 もし私が1,000円を持っていたら，私はこの本が買えるのになあ。

If I (　　　　) 1,000 yen, I (　　　　) buy this book.

4 私は1,000円を持っていないので，私はこの本が買えません。

(　　　　) I (　　　　) have 1,000 yen, I (　　　　) buy this book.

5 私は1,000円を持っていません，だから私はこの本が買えません。

I (　　　　) have 1,000 yen, (　　　　) I (　　　　) buy this book.

6 もし私が鳥だったら，私はあなたの家まで飛んで行けるのになあ。

(　　　　) I (　　　　) a bird, I (　　　　) fly to your house.

7 私は鳥ではないので，私はあなたの家まで飛んで行けません。

(　　　　) I am not a bird, I (　　　　) fly to your house.

8 私は鳥ではありません，だから私はあなたの家まで飛んで行けません。

I am not a bird, (　　　　) I (　　　　) fly to your house.

9 私が鳥だったらよいのになあ。

I wish I (　　　　) a bird.

▶意味の通る英文になるように（　　　　）内の単語を並べ替えなさい。

10 残念ながら，私は鳥ではありません。

(a / that / sorry / bird / am / not / I / am / I).

┌─ ワンポイントアドバイス ─┐

I wish ＝私は〜だったらよいのになあ

I am sorry that I 〜．　私は〜ということを残念に思っています。

答え ••

❶study, will　❷studied, would　❸had, could　❹Since, don't, can't　❺don't, so, can't
❻If, were, could　❼Since, can't　❽so, can't　❾were〔was〕※音声にはwereのみをふきこんであります。
❿I am sorry that I am not a bird

49 | 接続詞のthatとifを使った文

thatとifを使った文の作り方

英語は〈主語〉＋〈動詞〉＋〈かたまり〉という形にすると文法的に正しい英文になります。

私はさやさんが先生であるということを知っています。

① I know ＋ Saya is a teacher.

〈主語〉＋〈動詞〉 〈文〉
さやさんは先生です。

② I know 〈何を〉 that Saya is a teacher.

〈主語〉＋〈動詞〉 〈かたまり〉
私は知っています さやさんが先生であるということ

このことから，②の英文が完全な英文であることがわかります。

間接疑問文は，パッと見ただけでは疑問文だということがわかりませんが，よく見ると内容が疑問文であることがわかります。

私はさやさんが先生かどうかということを知っています。

③ I know ＋ Is Saya a teacher?

〈主語〉＋〈動詞〉 〈文〉
さやさんは先生ですか。

④ I know 〈何を〉 if Saya is a teacher.

〈主語〉＋〈動詞〉 〈かたまり〉
私は知っています さやさんが先生かどうかということ

このことから，④の英文が完全な英文であることがわかります。

間接疑問文では，かならずI knowのうしろに肯定文（普通の文）がきます。そして，「～ということ」で意味がよくわかるならthatを使います。「～かどうかということ」で意味がよくわかれば，ifを置きます。

believe（〜を信じています） know（〜を知っています）
tell（〜を教える）

▶次の（　　　　　）に適当な単語を入れてください。　　　◀))) 49

1 私はさやさんを知っています。

I（　　　　　）Saya.

2 さやさんは先生です。

Saya（　　　　　）a teacher.

3 私はさやさんが先生であるということを知っています。

I know（　　　　　）Saya is a teacher.

4 さやさんは先生ですか。

（　　　　　）Saya a teacher?

5 私はさやさんが先生であるかどうか知りたい。

I（　　　　　）to know（　　　　　）Saya is a teacher.

6 私はさやさんが先生であると信じています。

I（　　　　　）（　　　　　）Saya is a teacher.

7 あなたはさやさんが先生であるということを知っていますか。

（　　　　　）you know（　　　　　）Saya is a teacher?

8 あなたはさやさんが先生であるか知っていますか。

（　　　　　）you know（　　　　　）Saya is a teacher?

9 私は和田薫さんは英語の先生だと思いますよ。

I（　　　　　）（　　　　　）Kaoru Wada is an English teacher.

▶意味の通る英文になるように（　　　　　）内の単語を並べ替えなさい。

10 池上さんがここに住んでいるか私に教えてください。

（tell / here / Mr. Ikegami / if / me / please / lives）.

ワンポイントアドバイス

〈何を〉という疑問が生まれるときはすべて，普通の文の並べ方になっているはずです。

答え

1 know **2** is **3** that **4** Is **5** want, if **6** believe that **7** Do, that **8** Do, if **9** think that
10 Please tell me if Mr. Ikegami lives here

107

50 | 名詞のはたらきをする かたまりになる that ①

完全な英文の前に置くと, 名詞のはたらきをするかたまりになる。

■■■ that で名詞を作る

（例）You should study.（あなたは勉強すべきですよ。）

（かたまり）that you should study（あなたは勉強すべきだということ）

名詞のはたらきをするかたまりは, 名詞の代わりに使えるので, まずかんたんな文で理解すると英語力がつきます。

〈パターン1〉

Tony often tells me | a lie.
トニーは　よく　言う　私に | うそを

| that you should study.
| あなたが勉強すべきだということを

〈パターン2〉

I　know | Tony.
私は　知っている | トニーを

| that Tony is a teacher.
| トニーが先生であるということを

〈パターン3〉

It　is　true | that Tony is a teacher.
それ　は　本当です | トニーさんが先生であるということ

（1）that ＋完全な英文にすると, ～ということで終わる名詞のはたらきをするかたまりになるので, 名詞の代わりに置きかえることができます。

（2）It が that 以下を表すパターンもあります。

108

ヒント

true[チュルー] 本当の　tell　人＋物 [テオ] 人に～を言う
know[ノーゥ]～を知っている　knew[ニュー]～を知っていた
think[スィンクッ]～だと思う　thought[そートゥッ]～だと思っていた
find[ファーインドゥッ]～だとわかる
found[ファーゥンドゥッ]～だとわかった

▶次の（　　　　　）に適当な単語を入れてください。　　　　🔊 50

1 トニーさんはときどき私にうそを言う。

Tony sometimes （　　　　　） me a lie.

2 トニーさんはときどき私にあなたは家にいるべきだと言う。

Tony sometimes （　　　　　） me （　　　　　） you should stay home.

3 私は直美さんを知っています。

I （　　　　　） Naomi.

4 私は直美さんがテニスの選手だということを知っています。

I （　　　　　）（　　　　　） Naomi （　　　　　） a tennis player.

5 私は直美さんがテニスの選手だということを知っていました。

I （　　　　　）（　　　　　） Naomi （　　　　　） a tennis player.

6 あなたは（読めば）この本がかんたんだということがわかるでしょう。

You will （　　　　　）（　　　　　） this book （　　　　　） easy.

7 私はこの本がかんたんだということがわかった。

I （　　　　　）（　　　　　） this book （　　　　　） easy.

8 私は和田さんがとてもかしこいと思っています。

I （　　　　　）（　　　　　） Ms. Wada （　　　　　） very wise.

9 私は和田さんがとてもかしこいと思っていました。

I （　　　　　）（　　　　　） Ms. Wada （　　　　　） very wise.

▶意味の通る英文になるように（　　　　　）内の単語を並べ替えなさい。

10 和田さんがとてもかしこいということは本当ですよ。

（that / is / it / very / true / wise / Ms. Wada / is）.

ワンポイントアドバイス

１つめの動詞が過去形の場合は，２つめの動詞〔be動詞〕も過去形になります。

答え ···

1 tells　**2** tells, that　**3** know　**4** know that, is　**5** knew that, was　**6** find that, is
7 found that, was　**8** think that, is　**9** thought that, was　**10** It is true that Ms. Wada is very wise

109

51 名詞のはたらきをする かたまりになる that ②

I am＋形容詞＋that＋完全な英文. で，I＋動詞＋that＋完全な英文. と同じような使い方ができる。

〔I am＋形容詞＋that＋完全な英文. で，「私は〜だということを―しています。」を表せます。〕

私はあなたが司法試験に受かると確信しています。
I **am** sure that you **will** pass the bar exam.

私は私が司法試験に受かると確信しています。
I am sure that I will pass the bar exam.

私はあす雨が降らないかと心配です。
I am afraid that it will rain tomorrow.

私はあなたがまた失敗するのではないかと心配しましたよ。
I **was** afraid that you **would** fail again.

残念ながら，直美さんはここにいません。
I am sorry that Naomi isn't here.

私はあなたがここにいてくれることをうれしく思っています。
I am happy that you are here.

---

that＋主語＋動詞で「だれだれが〜するということ」という名詞のはたらきをしているかたまりであることを理解してください。

（例）
I am sure   that you will pass the bar exam.
私は確信しています 〈何を〉   あなたが司法試験に受かるということ

前のamがwasになると，willがwillの過去形のwouldになります。

110

sure[シュアァ] 確信して　afraid[アフッレーィドゥッ] 心配して～する
のではないかと思う　sorry[サゥリィ] 残念に思って～申しわけなく思う

▶次の（　　　　　）に適当な単語を入れてください。

◀)) 51

① 私はあなたが成功すると確信しています。

I（　　　　）（　　　　　）（　　　　　）you（　　　　）succeed.

② 私はトニーが失敗するのではないかと心配しています。

I（　　　　）（　　　　　）（　　　　　）Tony（　　　）fail.

③ 私はあす雪が降るのではないかと思っています。

I（　　　　）（　　　　　）（　　　　　）it（　　　　）snow tomorrow.

④ 私はあなたが成功するだろうと確信していました。

I（　　　　）（　　　　　）（　　　　　）you（　　　　）succeed.

⑤ 残念ながら，私は泳げません。

I（　　　　）（　　　　　）（　　　　　）I（　　　　）swim.

⑥ 私は私がおくれたことを申しわけなく思っています。

I（　　　　）（　　　　　）（　　　　　）I am late.

⑦ 私は雨が降ったことを残念に思います。

I（　　　　）（　　　　　）（　　　　　）it rained.

⑧ 私はあなたがここにいてくれていることをうれしく思っています。

I（　　　　）（　　　　　）（　　　　　）you are here.

⑨ 私は私がその試験に受かったことがうれしい。

I（　　　　）（　　　　　）（　　　　　）I passed the test.

▶意味の通る英文になるように（　　　　　）内の単語を並べ替えなさい。

⑩ 私は私がその試験に受かってうれしかった。

（I / I / the / passed / was / that / test / happy）．

ワンポイントアドバイス

thatの前のbe動詞が，過去形ならthat＋主語の次の動詞も過去形がきます。
ただし，thatの前のbe動詞が，現在形のときは，that＋主語の次の動詞は，現在形だ
けでなく過去形もきます。

答え ……………………………………………………………………………………………………

①am sure that, will　②am afraid that, will　③am afraid that, will　④was sure that, would
⑤am sorry that, can't　⑥am sorry that　⑦am sorry that　⑧am happy that　⑨am happy that
⑩I was happy that I passed the test

52 | 疑問詞のついた間接疑問文

疑問詞のついた間接疑問文

ここでは，疑問詞を使った間接疑問文について考えてみましょう。

I know + **Where** does Tsukamoto live?

〈主語〉＋〈動詞〉　　　　　〈疑問文〉
　　　　　　　　　どこに塚本君が住んでいますか。

➡ I know　〈何を〉　**where** Tsukamoto lives.

〈主語〉＋〈動詞〉　　　　　〈かたまり〉
私は知っています　　塚本君がどこに住んでいるかということ

間接疑問文では I know の次にくる英語は肯定文（普通の文）の並べ方になっていなければいけません。そのようにすることで，疑問文という文であったものが，かたまりになるのです。このことから，2つめの英文が完全な英文であることがわかります。

I know + **How** old is Tony?

〈主語〉＋〈動詞〉　　　〈疑問文〉
　　　　　トニー君は何才ですか。

➡ I know　〈何を〉　**how** old Tony is.

〈主語〉＋〈動詞〉　　　　〈かたまり〉
私は知っています　　トニー君が何才であるかということ

同じように考えると，2つめの英文が完全な英文であることがわかります。

Where does Tsukamoto live? → where Tsukamoto lives
　　　　　　　　　　　　　　普通の文のパターン
How old is Tony? → how old Tony is
　　　　　　　　　普通の文のパターン

ヒント Please tell me（私に教えてください）　want to know（知りたい）
how old（何才）

▶次の（　　　　）に適当な単語を入れてください。　🔊 52

1 私はトニー君を知っています。

I (　　　　) Tony.

2 トニー君はどこに住んでいますか。

(　　　　) does Tony (　　　　)?

3 私はトニー君がどこに住んでいるか知っています。

I know (　　　　) Tony (　　　　).

4 トニー君は何才ですか。

(　　　　)(　　　　)(　　　　) Tony?

5 私はトニー君が何才なのか知っています。

I know (　　　　)(　　　　) Tony (　　　　).

6 私はトニー君が何才なのか知りたい。

I (　　　)(　　　)(　　　)(　　　)(　　　) Tony (　　　).

7 トニー君が何才なのか私に教えてください。

Please (　　　　) me (　　　　)(　　　　) Tony (　　　　).

8 あなたはトニー君がどこに住んでいるか知っていますか。

Do you know (　　　　) Tony (　　　　)?

9 私はトニー君が何才なのか知りません。

I don't know (　　　　)(　　　　) Tony (　　　　).

▶意味の通る英文になるように（　　　　）内の単語を並べ替えなさい。

10 私はあなたの名前が何というのか知りたい。

(is / know / to / want / what / your / I / name).

┌─ **ワンポイントアドバイス** ─────────────────┐

　　私は知りたい　〈何を〉　何というのか　あなたの名前
　I want to know 　　　what 　your name is.
　もとの英文がWhat <u>is</u> your name?なので，what your name is となります。

└──┘

答え ···

1 know　**2** Where, live　**3** where, lives　**4** How old is　**5** how old, is　**6** want to know how old, is
7 tell, how old, is　**8** where, lives　**9** how old, is　**10** I want to know what your name is

113

肯定文と同じ並べ方をする
疑問詞のついた間接疑問文

肯定文と同じ並べ方の疑問詞を使った間接疑問文

英語には，疑問詞のついた疑問文が2とおりあります。

（1）疑問詞＋疑問文？　　　**Where** do you live?
　　　　　　　　　　　　〈疑問詞〉　　〈疑問文〉

（2）疑問詞＋動詞？　　　　**Who** likes Tony?
　　　　　　　　　　　　〈疑問詞〉〈動詞〉

ここでは，（2）のパターンについて考えます。

① I know　　＋　　**Who** likes Tony?
　〈主語〉〈動詞〉　　　　　　〈文〉（疑問詞＋動詞？）
　　文の一部　　　　　　だれがトニー君を好きなのですか。

➡ I know 〈何を〉　**who** likes Tony.
　〈主語〉〈動詞〉　　　　　〈かたまり〉
　私は知っています　　だれがトニー君を好きかということ

② I know　　＋　　**What** is in this box?
　〈主語〉〈動詞〉　　　　　　　〈文〉（疑問詞＋動詞？）
　　文の一部　　　　　　何がこの箱の中に入っていますか。

➡ I know 〈何を〉　**what** is in this box.
　〈主語〉〈動詞〉　　　　　〈かたまり〉
　私は知っています　　何がこの箱の中に入っているかということ

疑問詞のところを日本語に訳したとき，①は「だれが」，②は「何が」のようになっていることに気づくと思います。このように「〜が」のパターンになっているときは，このままで〈文〉を〈かたまり〉としても使うことができるのです。

これだけは覚えよう！　「〜が」のパターンの特徴は，現在のことを表しているときは，疑問詞の次に動詞のsがついた形がくるのです。

▶次の（　　　　）に適当な単語を入れてください。

🔊 53

1 私はトニー君を知っています。

I（　　　　）Tony.

2 トニー君はだれが好きですか。

（　　　　）（　　　　）Tony like?

3 私はトニー君がだれを好きなのか知っています。

I know（　　　　）（　　　　）（　　　　）.

4 だれがトニー君を好きですか。

（　　　　）（　　　　）（　　　　）?

5 私はだれがトニー君を好きかということを知っています。

I know（　　　　）（　　　　）（　　　　）.

6 私はこの箱を知っています。

I（　　　　）this box.

7 何がこの箱の中に入っていますか。

（　　　　）（　　　　）（　　　　）this box?

8 私は何がこの箱の中に入っているか知っています。

I know（　　　　）（　　　　）（　　　　）this box.

9 私は何がこの箱の中に入っているか知りたい。

I（　　　　）to know（　　　　）（　　　　）（　　　　）this box.

▶意味の通る英文になるように（　　　　）内の単語を並べ替えなさい。

10 何がこの箱の中に入っているのか私に教えてください。

（please / tell / this / is / me / in / box / what）.

┌─ ワンポイントアドバイス ─
What is in this letter? となっていると, 「何がこの手紙の中に書いてあるのですか。」という意味になります。
いいかえると, **What does this letter say?** になります

答え ···
1know **2**Who（またはWhom）does **3**who（またはwhom）Tony likes **4**Who likes Tony
5who likes Tony **6**know **7**What is in **8**what is in **9**want, what is in **10**Please tell me what is in this box

115

ふろく：基本動詞の変化表

A-A-A 型

意味	原形（現在形）	過去形	過去分詞形	現在分詞形
～を切る	**cut**(s) [カッ・（カッツッ）]	**cut** [カッ・]	**cut** [カッ・]	**cutting** [カティン・]
～を打つ	**hit**(s) [ヒッ・（ヒッツッ）]	**hit** [ヒッ・]	**hit** [ヒッ・]	**hitting** [ヒティン・]
～を置く	**put**(s) [プッ・（プッツッ）]	**put** [プッ・]	**put** [プッ・]	**putting** [プティン・]
～を置く	**set**(s) [セッ・（セッツッ）]	**set** [セッ・]	**set** [セッ・]	**setting** [セティン・]
～をしめる	**shut**(s) [シアッ・（シアッツッ）]	**shut** [シアッ・]	**shut** [シアッ・]	**shutting** [シアティン・]

A-B-A 型

意味	原形（現在形）	過去形	過去分詞形	現在分詞形
～になる	**become**(s) [ビカムッ（ズッ）]	**became** [ビケーィムッ]	**become** [ビカムッ]	**becoming** [ビカミン・]
来る	**come**(s) カムッ（ズッ）	**came** [ケーィムッ]	**come** [カムッ]	**coming** [カミン・]
走る	**run**(s) ゥラン（ズッ）	**ran** [ゥレアンヌ]	**run** [ゥランヌ]	**running** [ゥラニン・]

A-B-B 型

意味	原形（現在形）	過去形	過去分詞形	現在分詞形
～を建てる	**build**(s) [ビオドゥッ（ビオヅッ）]	**built** [ビオトゥッ]	**built** [ビオトゥッ]	**building** [ビオディン・]
（～を） 出発する	**leave**(s) [リーヴッ（ズッ）]	**left** [レフトゥッ]	**left** [レフトゥッ]	**leaving** [リーヴィン・]
～を貸す	**lend**(s) [レンドゥ（レンヅッ）]	**lent** [レントゥッ]	**lent** [レントゥッ]	**lending** [レンディン・]
～を失う	**lose**(s) [ルーズッ（ルーズィズッ）]	**lost** [ローストゥッ]	**lost** [ローストゥッ]	**losing** [ルーズィン・]
～を作る	**make**(s) [メーィクッ（スッ）]	**made** [メーィドゥッ]	**made** [メーィドゥッ]	**making** [メーィキン・]
～を意味する	**mean**(s) [ミーン（ズッ）]	**meant** [メントゥッ]	**meant** [メントゥッ]	**meaning** [ミーニン・]
～に出会う	**meet**(s) [ミートゥッ（ミーツッ）]	**met** [メッ・]	**met** [メッ・]	**meeting** [ミーティン・]
～を支払う	**pay**(s) [ペーィ（ズッ）]	**paid** [ペーィドゥッ]	**paid** [ペーィドゥッ]	**paying** [ペーィン・]
輝く	**shine**(s) [シアーィン（ズッ）]	**shone** [ショーゥンヌ]	**shone** [ショーゥンヌ]	**shining** [シアーィニン・]
すわる	**sit**(s) [スィッ・（スィッツッ）]	**sat** [セアッ・]	**sat** [セアッ・]	**sitting** [スィティン・]

A-B-B 型

意味	原形（現在形）	過去形	過去分詞形	現在分詞形
～を感じる	feel（s） ［フィーオ（ズッ）］	felt ［フェオトゥッ］	felt ［フェオトゥッ］	feeling ［フィーリン・］
～を見つける	find（s） ［ファーインドゥッ（ファーインヅッ）］	found ［ファーゥンドゥッ］	found ［ファーゥンドゥッ］	finding ［ファーインディン・］
～をもっている	have（has） ［ヘアヴッ（ヘアズッ）］	had ［ヘアッ・］	had ［ヘアッ・］	having ［ヘアヴィン・］
～が聞こえる	hear（s） ［ヒアァ（ズッ）］	heard ［ハ～ドゥッ］	heard ［ハ～ドゥッ］	hearing ［ヒアゥリン・］
～を保つ	keep（s） ［キープッ（スッ）］	kept ［ケプトゥッ］	kept ［ケプトゥッ］	keeping ［キーピン・］
～と言う	say（s） ［セーィ（セッズッ）］	said ［セッ・］	said ［セッ・］	saying ［セーィイン・］
～を売る	sell（s） ［セオ（ズッ）］	sold ［ソーゥオドゥッ］	sold ［ソーゥオドゥッ］	selling ［セリン・］
～を言う	tell（s） ［テオ（ズッ）］	told ［トーゥオドゥッ］	told ［トーゥオドゥッ］	telling ［テリン・］
～をにぎる	hold（s） ［ホーゥオドゥッ（ホーゥオヅッ）］	held ［ヘオドゥッ］	held ［ヘオドゥッ］	holding ［ホーゥオディン・］
～を送る	send（s） ［センドゥッ（センヅッ）］	sent ［セントゥッ］	sent ［セントゥッ］	sending ［センディン・］
～を費やす	spend（s） ［スペンドゥッ（スペンヅッ）］	spent ［スペントゥッ］	spent ［スペントゥッ］	spending ［スペンディン・］
眠る	sleep（s） ［スリーブッ（スッ）］	slept ［スレプトゥッ］	slept ［スレプトゥッ］	sleeping ［スリーピーン・］
立っている	stand（s） ［ステアンドゥッ（ステアンヅッ）］	stood ［ストゥッドゥッ］	stood ［ストゥッドゥッ］	standing ［ステアンディン・］
（～）を理解する	understand（s） ［アンダァステアンドゥッ（アンダァステアンヅッ）］	understood ［アンダァストゥッドゥッ］	understood ［アンダァストゥッドゥッ］	understanding ［アンダァステアンディン・］
（～）を教える	teach（es） ［ティーチッ（ティーチィズッ）］	taught ［トートゥッ］	taught ［トートゥッ］	teaching ［ティーチン・］
～をつかまえる	catch（es） ［キャッチッ（キャッチィズッ）］	caught ［コートゥッ］	caught ［コートゥッ］	catching ［キャッチン・］
（～）を買う	buy（s） ［バーィ（ズッ）］	bought ［ボートゥッ］	bought ［ボートゥッ］	buying ［バーィイン・］
～と思う	think（s） ［すィンクッ（スッ）］	thought ［そートゥッ］	thought ［そートゥッ］	thinking ［すィンキン・］
～をもってくる ～をもって行く	bring（s） ［ブリン・（ブリングズッ）］	brought ［ブゥロートゥッ］	brought ［ブゥロートゥッ］	bringing ［ブゥリンギン・］

A-B-C 型

意味	原形(現在形)	過去形	過去分詞形	現在分詞形
(〜を)飲む	drink(s) [ジュリンクッ(スッ)]	drank [ジュレアンクッ]	drunk [ジュランクッ]	drinking [ジュリンキン・]
始まる	begin(s) [ビギン(ズッ)]	began [ビギャンヌ]	begun [ビガンヌ]	beginning [ビギニン・]
(〜を)歌う	sing(s) [スイン・(スィングズッ)]	sang [セアン・]	sung [サン・]	singing [スインギン・]
泳ぐ	swim(s) [スウィムッ(ズッ)]	swam [スウェアムッ]	swum [スワムッ]	swimming [スウィミン・]
(〜を)運転する	drive(s) [ジュラーィヴッ(ズッ)]	drove [ジュローゥヴッ]	driven [ジュリヴンヌ]	driving [ジュラーィヴィン・]
〜に乗る	ride(s) [ウラーィドゥッ(ウラーィヅッ)]	rode [ウローゥドゥッ]	ridden [ウリドゥンヌ]	riding [ウラーィディン・]
上がる	rise(s) [ウラーィズッ(ウラーィズィズッ)]	rose [ウローゥズッ]	risen [ウリズンヌ]	rising [ウラーィズイン・]
(〜を)書く	write(s) [ウラーィトゥッ(ツッ)]	wrote [ウローゥトゥッ]	written [ウリトゥンヌ]	writing [ウラーィティン・]
(〜を)話す	speak(s) [スピークッ(スッ)]	spoke [スポーゥクッ]	spoken [スポーゥクンヌ]	speaking [スピーキン・]
〜を盗む	steal(s) [スティーオ(ズッ)]	stole [ストーゥオ]	stolen [ストーゥルンヌ]	stealing [スティーリン・]
〜をあげる	give(s) [ギヴッ(ズッ)]	gave [ゲーィヴ]	given [ギヴンヌ]	giving [ギヴィン・]
(〜を)食べる	eat(s) [イートゥッ(イーツッ)]	ate [エーィトゥッ]	eaten [イートゥンヌ]	eating [イーティン・]
(〜を)投げる	throw(s) [すウローゥ(ズッ)]	threw [すウルー]	thrown [すウローゥンヌ]	throwing [すウローゥイン・]
飛ぶ	fly(flies) [フラーィ(フラーィズッ)]	flew [フルー]	flown [フローゥンヌ]	flying [フラーィイン・]
育つ	grow(s) [グゥローゥ(ズッ)]	grew [グゥルー]	grown [グゥローゥンヌ]	growing [グゥローゥイン・]
〜を描く	draw(s) [ジュロー(ズッ)]	drew [ジュルー]	drawn [ジュローンヌ]	drawing [ジュローイン・]
(〜)を知っている	know(s) [ノーゥ(ズッ)]	knew [ニュー]	known [ノーゥンヌ]	knowing [ノーゥイン・]
(〜)を手に入れる	get(s) [ゲッ・(ゲッツッ)]	got [ガッ・]	gotten [ガットゥンヌ]	getting [ゲティン・]
(〜)を忘れる	forget(s) [ファァゲットゥッ(ファァゲッツッ)]	forgot [ファァガッ・]	forgotten [ファァガットゥンヌ]	forgetting [ファァゲティン・]
行く	go(es) [ゴーゥ(ズッ)]	went [ウェントゥッ]	gone [ゴーンヌ]	going [ゴーゥイン・]
〜を取る	take(s) [テーィク(スッ)]	took [トゥックッ]	taken [テーィクンヌ]	taking [テーィキン・]
〜を着ている	wear(s) [ウェアァ(ズッ)]	wore [ウォアァ]	worn [ウォーンヌ]	wearing [ウェアゥリン・]
〜をする	do(does) [ドゥー(ダズッ)]	did [ディッ・]	done [ダンヌ]	doing [ドゥーイン・]
〜が見える	see(s) [スィー(ズッ)]	saw [ソー]	seen [スィーンヌ]	seeing [スィーイン・]
〜を見せる	show(s) [ショーゥ(ズッ)]	showed [ショーゥドゥッ]	shown [ショーゥンヌ]	showing [ショーゥイン・]

〈改訂増補〉
たったの 10 問でみるみる解ける中学英語　質問券

本を読んでわからないところがあったら質問してみよう！

送り先：明日香出版社　FAX:03-5395-7654(ご郵送でも受け付けております。)

ご質問　※本書以外のご質問は受けかねます。

ご質問の際は必ずご記入ください　（氏名・住所・連絡先等が不完全な場合はご対応いたしかねます。）

お名前 _____

学年 _____

ご返信
ＦＡＸ番号 _____

ご住所　〒

郵送の場合のお送り先：112-0005　東京都文京区水道 2-11-5
明日香出版社　長沢先生質問係宛

著者略歴

長沢 寿夫（ながさわ　としお）

1980年、ブックスおがた書店のすすめで、川西、池田、伊丹地区で家庭教師を始める。
1981~1984年、教え方の研究のために、塾、英会話学院、個人教授などで約30人の先生について英語を習う。その結果、やはり自分で教え方を開発しなければと思い、長沢式勉強法を考え出す。
1986年、旺文社『ハイトップ英和辞典』の執筆・校正の協力の依頼を受ける。
1992年、旺文社『ハイトップ和英辞典』の執筆・校正のほとんどを手がける。

現在は塾で英語を教えるかたわら、英語書の執筆にいそしむ。
読者からの質問に直接丁寧に答える「質問券」制度も好評。

主な著書
● 『中学3年分の英語を3週間でマスターできる本』
　（43万部突破）
● 『中学・高校6年分の英語が10日間で身につく本』
　（26万部突破）
● 『中学・高校6年分の英単語が10日間で身につく本』
　（8万部突破）
● 『中学・高校6年分の英作文が10日間で身につく本』
● 『CD BOOK　中学3年分の英語が3週間で身につく音読』
● 『中学3年分の英文法が10日間で身につく＜コツと法則＞』
● 『CD BOOK　高校3年分の英単語が10日間で身につく
　＜コツと法則＞』（以上、明日香出版社）
● 『中学校3年分の英語が教えられるほどわかる』ベレ出版
　など120冊超。

協力：
丸橋一広　　　　池上悟朗　　　　和田薫
長沢徳尚　　　　河津弘幸　　　　中山いずみ
岸田宗明　　　　夏目えりか　　　荻野沙弥
加藤友介　　　　アップル英会話センター

本書の内容に関するお問い合わせは弊社HPからお願いいたします。

〈改訂増補〉音声ダウンロード付き　たったの10問でみるみる解ける中学英語

2021年 7月 21日　初 版 発 行

著　者　長沢寿夫
発行者　石野栄一

〒112-0005 東京都文京区水道 2-11-5
電話 (03) 5395-7650 (代 表)
(03) 5395-7654 (FAX)
郵便振替 00150-6-183481
https://www.asuka-g.co.jp

明日香出版社

■スタッフ■　BP事業部　久松圭祐／藤田知子／藤本さやか／田中裕也／朝倉優梨奈／竹中初音／畠山由梨／
竹内博香
BS事業部　渡辺久夫／奥本達哉／横尾一樹／関山美保子

印刷・製本　株式会社フクイン
ISBN 978-4-7569-2161-1 C6082